U0033618

尋找自己的 蔣中正

II *1955-1972* 日記解讀

A Guide to Chiang Kai-shek Diaries, 1955-1972

呂芳上 ——— 主編

目錄

1955／在美國援助下尋求自主

林桶法

天主教輔仁大學歷史學系名譽教授

浙江沿海的防與棄

　　1955 年可以說是中華民國對大陸沿海的保衛戰抉擇，1949 年下半至 1950 年上半，青島、平潭、湄洲、南日、長山列島、嵊泗列島、舟山群島、東山島、海南島、萬山群島等地，或失守，或撤退，在江浙地區，僅存大陳島、南麂島等島嶼。毛澤東與共黨中央經過金門戰役及登步戰役後，不斷調整解放臺灣的計畫，決定暫緩進攻金門，先占領浙江沿海島嶼。批准張愛萍提交的作戰方案後，中共中央軍委確定「從小到大、逐島進攻、由北向南打」的方針。1952 年 4 月 29 日，軍委作戰部部長張震在報告中提出：以第二十一軍兩個師和海空軍參戰，先打大陳，後取一江山島。1952 年 6 月 11 日，中共中央軍委同意 9 月或 10 月攻打上下大陳，但因韓戰還在進行，為免節外生枝而延後實施，攻擊一江山的行動只得暫緩。[1]

　　大陳是浙江臺州一百多個島嶼中的十個主要大小島嶼，最重要的是上大陳、下大陳。1949 年後國軍在浙江沿海的游擊隊，由北至南分為四個游擊地區，第一、第二游擊區分布在舟山群島一帶，第三游擊區以上、下大陳島為根據地，第四游擊區以

1　東方鶴，《張愛萍傳》，下冊（北京：人民出版社，1998），頁 656。

南麂島為根據地。1950 年海南島與舟山群島國軍相繼撤出，游擊隊也受到影響，原本以舟山群島為屏障的第一、第二游擊區失去屏障，部分進入內陸，部分往南轉移至第三、第四游擊區。1951 年國軍成立江浙反共救國軍，將游擊隊整編，設總部於大陳島，並將漁山島、大陳島、披山島、南麂島劃設為「大陳地區」，進行各項軍政與民政建設，使之成為國軍的反攻基地，除駐軍和游擊隊外，尚有一萬八千名居民。胡宗南化名秦東昌，身兼江浙反共救國軍總指揮與浙江省政府主席。

　　1953 年 7 月韓戰結束，有見於國軍與美軍協同建立以大陳列島為中心的戰線，欲占領大陸沿海地區島嶼以便進一步達到「解放臺灣」的目標，共軍必須集中力量鞏固東南沿海，全力對付國軍在閩浙——包括大陳諸島與金門、馬祖的軍事力量。這幾個島嶼從軍事部署來看，共軍在大陳較具優勢，因此首先選擇攻擊大陳地區。1954 年 7 月，中共中央與地方經反覆討論，形成奪取東南沿海島嶼的戰略方針，即「從小到大、由北向南、逐島進攻」，[2] 同時彭德懷指示要擬定軍事解決臺灣問題的計畫。[3] 為此，張愛萍於 8 月受任浙東前線指揮部司令員兼政治委員，負責組織指揮大陳列島戰役，10 月起開始對大陳列島進行軍事行動，以空軍展開轟炸。中共計畫是「先攻一江山、後取大陳島」，也就是先小島到大島的方針，其作戰階段目標在奪取「大陳島」，再伺機武力犯臺。一江山乃大陳列島之前哨，戰略位置極為重要。

2　鄭文翰，《祕書日記裡的老總》（北京：軍事科學院，1998），頁 32。
3　張震，《張震回憶錄》，上冊（北京：軍事科學院，2003），頁 498。

　　面對中共的**轟炸**行動，蔣經國於日記記到：「匪機於昨午首次投彈轟炸上下大陳，此乃時局更嚴重化之開端，大敵當前，內部爭奪紛擾之風益盛，如此情況，如何不使人憂急也。」[4]

　　由於《中美共同防禦條約》的簽訂，範圍並未包含金門、馬祖與其他大陸沿海島嶼。中共發動一江山戰役，即在測試美國的協防程度，1955 年 1 月，共軍首次陸、海、空三軍聯合作戰隨即展開。

　　駐守大陳的任務艦隊，除 DE 太平艦以外，還有 LST 中權艦、PGM 靈江艦被擊沉，另有七艘艦艇受創，從而削弱了國軍守軍的防禦能力。上下大陳之間的錨地，白天無法停泊軍艦，空軍飛機因航程遙遠，在大陳上空也難以應戰。國軍戰力大受影響，只能被動固守。相對地，共軍則加緊轟炸，蔣經國記到：「匪機百餘架今日自天明至夜向上下大陳作繼續不斷之**轟炸**，我海軍有三船被炸傷，一船被炸沉，島上死傷百餘人，想及大陳炸後情形之悽慘，思之甚久，不覺淚下，共匪之殘暴，斷不能長此生存下去，此一大規模轟炸之事實，不過是一種今年將要來臨的『嚴重局勢』之開端也。」[5]

　　1 月 18 日，共軍對一江山實施地毯式**轟炸**，幾輪過後，該區一片焦土。蔣中正於當天日記中提到：「正午俞、彭來告，大陳、一江上午被轟炸未已，乃斷定匪必將進攻一江與大陳矣。午課時果得匪機艦已於午刻大舉進犯一江，此乃必然之事。」（1月 18 日日記）

4　「蔣經國日記」，1954 年 11 月 2 日。

5　「蔣經國日記」，1955 年 1 月 10 日。

　　面對來犯的共軍，國軍方面由一江地區司令王生明上校率領官兵奮戰三晝夜，浴血堅守陣地，因兵力懸殊最終態勢不利，全島官兵為國犧牲，王生明引爆最後一枚手榴彈，壯烈成仁，追晉少將。一江山失陷，蔣中正甚為感慨：「一江山昨晚失陷，王生明指揮官等壯烈殉職五百餘人，悲哉！」（1 月 21 日日記）「一江山由我遊〔游擊隊〕王生明等七百餘人，在共匪陸、海、空軍圍攻三日，終於星期四陷落，將士壯烈犧牲。余不能為之援救，此心悲痛盡極，必有以報復之，以慰我軍陣亡將士在天之靈。」（1 月 22 日後「上星期反省錄」）

　　蔣中正認為：「此役之壯烈，實為黃花岡以來所未有之史詩，乃可永光史冊矣。」（1 月 31 日後「上月反省錄」）蔣經國日記同時也記到：「一江山被匪攻佔，乃為最慘痛之事，亦為一生難忘之恥辱，受美方之壓力，我又將自大陳撤退，悲憤之情，幾乎到了無可抑制之地步。父親最近來之苦痛一定很深，為兒者惟有以工作上之努力來慰我父之苦心。今天我們沒有足夠的力量，只好忍耐一時，以圖來日。」[6]

　　根據一江山烈士遺屬協會的調查，國軍死傷人數五百多人，遭俘一百多人。戰役規模雖然不大，時間僅三天，但是對國共雙方都有極大影響。1 月 29 日，美國國會通過《福爾摩沙決議案》（Formosa Resolution），授權總統艾森豪（Dwight D. Eisenhower）可以出兵保護臺灣及其控制的島嶼，接著在 2 月 9 日，美國參議院便通過了《中美共同防禦條約》。

6　「蔣經國日記」，1955 年 1 月 31 日後「上月反省錄」。

美國的壓力與催促

此時美國協防的態度甚為重要，面對大陳局勢，美國建議從大陳撤退，並承諾美國將以武裝部隊協防臺、澎。蔣中正對此有一連串的紀錄：「午課後接葉轉愛克建議我放棄大陳，彼美願以海、空軍掩護我撤退，甚費躊躇。」（1月20日日記）「昨晡接葉第一節電後，鬱悒非常。」「接第二、三節電，美願以協防金門以換取大陳之撤退之建議，此乃合於情理者，不能不加以考慮。最後決以有條件，即中美互助協定生效之後，乃允其開始撤退，方能略挽軍民絕望之心情也，並對我軍將士願與大陳共存亡而不願撤離之精神，如一江之守軍死守不屈之史詩，直告美國，必須對將士先行說服為最大急務也。」（1月21日日記）「愛克建議我撤防大陳，而彼願以海、空軍掩護，且允協防金門、馬祖。此事在軍事上甚合情理，惟其後果與事實，思之不勝痛苦，乃只可允其善意建議，否則中美協定其國會將閣〔擱〕置不理矣，故決定接受其意見。」（1月22日後「上星期反省錄」）「入府召見岳軍、昌煥、大維、孟緝、伯玉、為開等，對於大陳撤防之準備，與陸軍高級部隊長之成績詳加詢問，大維對於南麂島仍主留軍防守，余認為不可能者，乃准留若干遊〔游〕擊隊暫予維持。今後大陳如撤防，則問題乃在馬祖群島，美國只允協防金門而不及馬祖，此乃華盛頓非夷所思，未能深切考慮之妄誕，故余亦不予置辯與要求。蘭卿問余為何不要求美協防馬祖在內，余答如匪攻馬祖，則未有不牽涉金門者，故余對此問題認為無要求之必要也。與蘭卿談話約一小時三刻之久，囑轉告其政府，對於大陳撤防之後果也。」（1月22日日記）

當時中華民國政府之所以決定從大陳島撤退，雖係考量共軍

已掌握大陳島周邊制空、制海權，但主要因素仍是來自美國方面的壓力與催促。

隨著中共積極發動海空攻勢，美國內部的討論更為熱烈。1955 年 1 月 15 日美國國家安全會議有關美國對福爾摩沙與中華民國政府政策聲明（NSC 5503），特別強調維護作為太平洋近海島鏈一部分之福爾摩沙及澎湖群島之安全，為美國安全之重要組成部分。明確的目標是持續發展中華民國武裝部隊軍事力量，包括：

（1）協助保衛福爾摩沙及澎湖群島；

（2）採取行動保衛中華民國控制之離岸島嶼，

以裝備與訓練貢獻於遠東集體非共產主義力量，以及其他依據「共同防禦條約」條款共同商定之行動。[7]

一江山戰役後，中華民國政府要求美國採取堅決行動的壓力，說服了杜勒斯（John F. Dulles）需要在臺灣海峽制定一個新的且更大膽的戰略。他確信中共打算佔領大陳島以及其他大陸沿海島嶼，並最終嘗試實現他們的「解放」臺灣承諾。由於現在採取模棱兩可的態度似乎不足以阻止共軍的進攻，而且中華民國政府也無法獨自控制這些島嶼，使其免受堅決的攻擊，因此在他看來，美國現在需要更大膽的行動計畫。[8]

杜勒斯構想的新策略，包括一舊二新，共三個方案。舊的是實施神諭計畫（Operation Oracle）；新的則包括在美國的協助

7　廖文碩編，《美國國家安全與對臺政策檔案選譯》，第一冊（臺北：國史館，2023），頁 175。

8　Robert Accinelli, *Crisis and Commitment: United States Policy toward Taiwan, 1950-1955* (Chapel Hill: University of North Carolina Press, 1996), p. 187.

下，疏散除了金門以外的所有沿海島嶼，並公開承諾協防金門。艾森豪和雷德福（Arthur W. Radford）海軍上將在 1 月 19 日與國務卿的午餐會議上贊同了這一行動計畫。這三位人士一致認為，協防的承諾將持續到達成有效停火為止。在這次會議上，新策略又增添了一個元素，即總統決定尋求國會授權，使得美軍在保衛金門時可以進行充分廣泛的軍事行動。與葉公超、英國大使麥金斯（Sir Roger Makins）和國會領導人物的磋商將立即展開。[9]

美國國家安全會議（NSC）1 月 21 日開會，批准一項正式指令，授權美軍可以動用武裝力量協助撤離大陳並保衛金門和馬祖。將馬祖納入協防承諾的決定，反映了馬祖主要島嶼距離臺灣相對較近，並且直接與共軍入侵臺灣的可能出發點——福州相對。協防承諾將持續有效，直到中共實際接受美國對臺灣的立場，或者聯合國採取行動平息該地區的衝突為止。該指令的措辭明確將這一新承諾與保護臺灣和澎湖的措施聯結在一起，規定美軍應協助捍衛金門和馬祖。[10] 但包括國軍從大陳撤退的默契，作為交換協防的一部分。

美方積極與中華民國協商防禦計畫，從行政院長俞鴻鈞留下的報告及蔣中正 1 月 21 日電外交部部長葉公超的內容中，可以發現雙方原似已達成各自發表聲明的方式，作為達成協議的交換條件。蔣中正致葉公超的電文中提到：「由於美方拒絕協防大陳，我方不得已接受艾總統之下述建議：即（甲）美予我以海空

9　Robert Accinelli, *Crisis and Commitment: United States Policy toward Taiwan, 1950-1955*, p. 188.

10　Robert Accinelli, *Crisis and Commitment: United States Policy toward Taiwan, 1950-1955*, p. 190.

軍掩護，我自大陳撤退；（乙）美與我協同確保金門區域安全之緊急措施，此為在中美條約未批准前之行政命令，條約批准後仍屬有效，此項行政措施並經美國會兩院通過授權案；（丙）我發表撤守大陳之聲明，美方同時發表協防金門之聲明，以期減少撤出大陳所生之不良影響。」[11]

但最後美方在《中美共同防禦條約》的聲明中，對於將金、馬納入協防範圍一事，卻食言未明言，蔣中正對此甚為震怒，認為美方推翻承諾。

「接閱葉電，乃知美國不肯履行前約，發表協防金門、馬祖之諾言。果爾則我亦不能作撤防大陳之聲明。」「商討對葉復電，決令其如前約言力爭，不能變更失信也。晚約蘭卿來談，屬其嚴正電報其政府，切勿失信食言，以助長共匪之侵略行動。」（1月29日日記）

「昨午禮拜後，約宴美史敦普太平洋艦隊總司令後，與蘭卿談話半小時，再嚴正警告其美政府，並以我最後決心，不問美國是否協防，余必一本向來方針，無論大陳或臺灣，皆必與共匪背城借一，義無反顧，切勿視外交信義如兒戲也。蘭問美國若不如約發表聲明，則大陳撤退行動決不開始耶？余曰然，令其每一字句詳報其政府。」（1月31日日記）

「愛克（二十日）建議我撤防大陳，以其協防金門、馬祖為條件，余在再三考慮後，決定允其所請，不料其至月杪竟食言，不肯發表其協防之聲明，而反要求我單獨聲明撤退大陳之妄

---

11 〈蔣中正電葉公超同意撤退大陳與協防金門同時聲明以減低影響等建議並請轉知美方將影響戰略士氣並須支援運輸工具嚴守秘密及反對停火案等相關條件〉，《蔣中正總統文物》，國史館：002-090103-00002-276。

言。此可忍孰不可忍，而葉、顧在美乃竟順從其意，反來電代其
要求我自動撤防，豈不可痛。余乃三次召蘭卿來談，指斥其政府
背約失信，視外交信義為兒戲，並明告其如美不允協防，則余決
不撤退大陳之決心。最後愛可以書面保證其協防，但不能正式發
表其聲明，彼亦實為其內外反華派之反對，只有如此為止乎？」
（1月31日後「上月反省錄」）

「美對撤防大陳，兩國預定之諾言竟於臨時背棄，不肯明言
協防金、馬，乃與之力爭，相持不下者幾逾一周時。余於此有
二前提盤旋於腦中者：甲、大陳撤退以後，是否引起俄共侵臺之
妄念，繼續來犯金、馬，演成大戰。乙、撤退期間，在美軍掩護
下，共匪敢在中途挑戰，進犯我中、美之運輸艦隊否。丙、俄
共以我撤退為畏縮，乃更進一步，由英、印轉逼美國要求我撤退
金、馬乎。丁、至於美國以我不允其要求，則其第七艦隊仍退回
琉球，讓共匪來攻大陳，此乃我始終決心死守大陳，故決不為俄、
共、美三方之直接威脅所動搖也。最後美乃修正其聲明，比之其
初稿為佳，故作撤退之決定。」（2月5日後「上星期反省錄」）

金剛計畫 A、B、C

2月5日，蔣中正召集軍事會談，決定接受美國掩護大陳軍
民之撤退，與同意美國之聲明稿。2月6日蔣再召集陳誠、張
羣、俞鴻鈞等商討聲明稿。美國於同日上午5時，下達實施掩護
大陳軍民撤退之命令，並發表聲明，蔣中正乃同步下令大陳軍民
撤退。2月8日起先撤民眾一萬六千餘人，「以免被匪殘害也」
（2月6日日記）。並致函蔣經國，令其在大陳督導軍民安全撤
退，以慰軍民之心。為順利完成軍民的撤退，擬定「金剛計畫」，

在美國第七艦隊護航下，島上居民成功撤抵臺灣，這批居民被稱為「大陳義胞」。不久之後，中共便攻占全部浙東沿海島嶼。

「金剛計畫」包含二個體系，美軍和國軍分別負責不同的工作，因此權責分配相當重要。美國海軍第七艦隊艦艇，負責掩護包括漁山、上下大陳及披山島上部隊及軍品之轉進，同時進行掃雷作業。海軍航空隊在本作戰行動中，以上大陳屏風山東北角為中心，實施五十浬半徑內之空中警衛掩護。美軍擔任北緯二十七度以北之海空支援與掩護行動，以南之空中掩護，則由國軍空軍擔任。美方參加金剛計畫的作戰艦艇總計三十八艘，但提供的運輸船團，只負責上下大陳國軍美械部隊（第四十六師）之撤運，也將此一撤退消息全部公開。

由於漁山及披山陸上部隊之撤運對象與地區之不同，將原先之「金剛計畫」，演繹成金剛 A、B、C 計畫，以資區別，便於實施。金剛 A 計畫：撤離大陳地區之國軍部隊及裝備：由美軍兩棲艦艇負責。金剛 B 計畫：撤離漁山、披山之軍民，由國軍八五特遣艦隊負責。金剛 C 計畫：撤離大陳之全體住民、反共救國軍、政府機關人員等，同樣由國軍八五特遣艦隊負責。

由此可知美軍是此次計畫之主力，海空的防衛幾乎是由美國所主導，尤其是空中防衛部分，美軍原本只負責大陳一帶的空防，經過協調後，範圍幾乎涵蓋整個大陳地區（包含漁山島與披山島）的空域，使國軍在進行金剛 B 計畫時，得以無後顧之憂，順利完成漁山和披山的撤退。

總計大陳撤退從 2 月 8 日至 11 日，共完成二萬八千餘軍民的撤離，其中來臺的一萬六千四百八十七人為大陳地區住民，這些大陳義胞分散安置於宜蘭、花蓮、臺東、高雄、屏東、臺北等各

個縣市。

至於南麂島防棄問題，當時國軍討論有兩種意見，國防部部長俞大維主張仍留國軍固守，蔣中正主張主動放棄：「南麂島之防棄方針爭辯不定，余認為此時應主動放棄，不問美國之決定如何。自臺山列島海戰後，該列島已為共匪先一着佔領，故南麂更無固守之理，亦無可能也。」（2月19日後「上星期反省錄」）於是下令要彭孟緝研究南麂行動的準備，而當時南麂民眾要求留守，所以待撤完民眾後，再撤軍隊。2月24日與陳誠、俞鴻鈞、周至柔、孫立人以及各總司令談話，指示南麂撤防之決心。2月25日順利完成撤離工作後，蔣中正雖心神疲勞，但「南麂撤退工作已全部完成為慰。」（2月25日日記）

西安事變不重演

在浙江沿海軍事行動結束，金門、馬祖也獲得協防地位，暫時穩定之後，接著要處理的便是人事紛爭。

孫立人畢業於美國普渡大學（Purdue University）及維吉尼亞軍校（Virginia Military Institute），回國後擔任財政部稅警總團第四團團長，抗戰期間任新編第三十八師師長，率軍入緬作戰，1947年擔任陸軍訓練司令部司令，來臺後在鳳山練兵，1950年蔣中正復行視事後任陸軍總司令，後兼臺灣防衛司令。孫立人與美方關係密切，但與周至柔、陳誠、蔣經國意見相左，最後終於爆發「孫立人案」。

從蔣經國日記自1952年以來的記載大約可以看出事件的端倪。1952年12月蔣經國提到：「上午八時參加軍黨部委員會會議，孫立人為了國防部不能照他的意思來處理幼年兵總隊案，即

提出辭呈，如此高級將領，將如何抗俄？可憂嘆焉。下午主持保密局年終檢討會，各單位之報告皆甚空虛，一般幹部缺少政治修養，這是幹部問題中最要者。」[12] 1953 年 6 月又記：「時常想起孫立人每一次反對政治部時候的那種驕傲態度，無任痛憤，但今日實非爭個人意氣之時，切記能忍始能有成之真理。」[13] 1955 年 5 月則寫：「最近發現孫立人之舊幹部在軍隊中確有秘密組織，且有不軌之謀，此群賣國之徒，在我們嚴密的組織之下，決難有所作為，但是一種非常值得注意的一種現象，兩日來已採取必要之措施，以破此案。」[14]

對於孫立人的舉動，蔣中正也密切關切，特別是 1955 年之後記載甚多。

「本晨得報，孫立人前第四軍訓班系統人員，策動此次南部校閱時控置〔制〕砲兵先，對閱兵臺描〔瞄〕準，然後向我以請願名義，要脅我任用立人以代之，此一陰謀又為西安事變之重演，其危險性對國際方面尤為重大。最近美國務院忽令其情報人員，密查孫在軍隊中勢力如何，能否掌握陸軍，及吳國楨除臺灣人以外之中國人，有否擁護者之確息，今以此案之發生，究竟有否關係，並無證據，但國際環境之險惡已至相當程度，能不戒慎乎。」（5 月 28 日日記）

「孫立人組織暴動陷害之陰謀，幸發覺尚早，又幸改變北區先行檢閱，而置南區於最後之計畫，此乃天助之明證，惟此一陰謀或與美國尚無關係，但孫實受美國之暗示久矣。」（5 月 31

---

12 「蔣經國日記」，1952 年 12 月 27 日。

13 「蔣經國日記」，1953 年 6 月 9 日。

14 「蔣經國日記」，1955 年 5 月 25 日。

日後「上月反省錄」）

　　蔣甚至認為幸發現早，否則會重演西安事變。從 5 月起開始進行一連串的調查，並由蔣經國時常報告調查情形，其中涉及「中共」者，主要是孫立人的部屬郭廷亮。日記中提到：「審閱孫案中首犯郭廷亮等前後供詞，可斷定此案又為共匪利用孫為傀儡叛亂之陰謀也。」（6 月 28 日日記）

孫立人的留與去

　　對於孫立人案的處理，俞大維主張寬大，不加處分，蔣中正也頗費心思。7 月 5 日、9 日、16 日、19 日、21 日共五次不同的思考，前兩次想直接將相關的供詞告知孫立人，並令其告假離職，待罪悔過，但不開除其參軍長職務，但第三次則提到：「對孫案以法與理而言，至少應停職候查或候審，否則應免職查辦以息公憤而維軍紀。原因以：甲、此案為共匪早在國際上揚言『臺灣之滲透程度，比所傳者為更佳』，是乃美政府在事前所收得之情報。乙、此案人證與確據皆有事實，不得已時皆可公開。丙、此案主動乃為共匪滲透顛覆，而為我破獲澈底並未為共匪所算，孫不過是一被動盲從，故於政府之威信，並無所損。丁、孫之美友以事實俱在，不能為其抱不平洗冤，或以此反對我政府。戊、此在美人心目中，以有證據之事而且為共匪所主動，不能認我為『法息斯得』也。己、現在美國不能放棄臺灣，不能因此停止援助。」（7 月 16 日日記）此後又更明確，認為郭廷亮為匪諜，口供已相當清楚，孫立人「應即停職，聽候澈查。」（7 月 19 日日記）並且明告美方不必袒護。

　　孫立人雖然辭職候查，但並不承認其責任與此案關係。8 月

2 日蔣中正令憲兵正式監視，並逮捕陳良壎歸案，8 月 20 日發布孫立人免職令。[15] 美國顧問以此事關內政，表示不願過問，但雷德福對孫立人案表示不滿，仍歸咎於政工制度對將領之牽制與監察。之後即開始進入司法程序。張羣等的調查報告顯示孫立人未否認六犯口供之為事實，惟自辯其用心與作為皆出於忠貞而不承認其為有意叛變，對於六犯圖謀不軌，自認其應負責任。因此建議：以「孫知情不報之罪」。蔣中正認為：「對孫每一答詞應須有事實之證明也。」（9 月 21 日日記）

　　10 月 20 日蔣中正核定「孫案調查報告書與『准予自新毋庸另行議處由國防部隨時察考以觀後效』」，據委員會調查結果，一致認定：「該上將不知郭廷亮為匪諜，尚屬事實，但對本案有其應負之重大咎責，姑念該上將久歷戎行，抗戰有功，且於該案發覺之後，即能一再肫切陳述，自認咎責，深切痛悔，茲特准予自新，毋庸另行議處，由國防部隨時察考，以觀後效。」[16] 至此孫立人案暫告一段落。

忍辱負重的對美情結

　　外交方面，《中美共同防禦條約》雖於 1954 年簽訂，但雙方仍有許多歧見，如美國長期以來對政工制度的不滿。例如蔣中

---

15 總統令：總統府參軍長陸軍二級上將孫立人因匪諜郭廷亮案引咎辭職，並請查處，應予照准，著即免職，關於本案詳情，另組調查委員會秉公澈查，靜候核辦，此令。派陳誠、王寵惠、許世英、張羣、何應欽、吳忠信、王雲五、黃少谷、俞大維，組織調查委員會，以陳誠為主任委員，就匪諜郭廷亮案有關詳情，澈查具報，此令。

16 〈蔣總統令孫立人准予自新應毋庸另行議處〉，《香港時報》，1955 年 10 月 21 日，版 1。

正接見雷德福時，美方認為據美軍顧問團海軍組的報告，國軍海軍軍官升遷，仍有政工人員干涉，蔣中正則強調絕無此事。日記中提到：「往靜觀室送雷德福，說明其對軍隊人事仍有政治部干涉之事決非事實，不可徒聽其海軍顧問道聽途說之報告。」（1月2日日記）

　　此外，誠如前述，外島的協防美國更不願意清楚表態。1月14日立法院以全體（三百零六票）一致通過《中美共同防禦條約》。15日蔣中正接見美國陸軍副參謀長鮑爾德（Charles L. Bolte）提到美國對協防大陳之意見時，鮑爾德答覆：「美國對大陳並非不注意，但因整個世界局勢有連帶不可分之關係，與共黨作整個攤牌之前，對任何地區之行動，自須謹慎將事。」[17] 2月8日美國參議院對《中美共同防禦條約》以六十四票對六票通過。蔣中正在日記中提到：「中美互助協定卒由美國參議院通過，此舉可信美兩黨議員對我協助而無惡感者，實在四分之三以上之人數，此乃十餘年對美忍辱負重之結果也。」（2月12日後「上星期反省錄」）

　　1955年3月3日，美國國務卿杜勒斯來臺舉行交換《中美共同防禦條約》之手續，批准書的儀式在臺北中山堂堡壘廳舉行，由外交部部長葉公超及杜勒斯主持。算是為協防問題的爭執劃下句點。

---

17 〈蔣中正與美國陸軍副參謀總長鮑爾德會談有關美國對大陳協防問題及盼能延長美國軍事援華顧問團團長蔡斯任期一年等談話紀錄〉，《蔣經國總統文物》，國史館：005-010205-00080-001。

否決外蒙古入聯

　　1946 年 1 月 5 日，根據《中蘇友好同盟條約》，中華民國承認蒙古人民共和國獨立。1953 年 2 月 23 日，中華民國宣布《中蘇友好同盟條約》失效，撤銷承認外蒙古的獨立地位。1955 年英、蘇協商新會員國入聯合國問題，外蒙古亦由蘇聯列入其內，11 月 22 日，蔣中正約見美國駐華大使藍欽（Karl L. Rankin），表示外蒙古加入聯合國一案，中華民國決使用否決權之立場，囑咐其轉報國務院，不要受到蘇聯的威脅，並約陳誠、張厲生、葉公超等人討論是否使用否決權。日記提到：「召集陳、張等續商對外蒙入會使用否決權問題。余闡明其利害與成敗關鍵，完全操在我政府本身，應即從速表示我堅定立場（使用否決權之立場），纔能阻止美國對此案提出安理會，則我自可不用否決權也。若其再不顧我態度，而仍允俄、英正式提出討論，則是美逼迫我使用否決權，則其責在美國，如我果用否決權，則美國本身之利害關係當不願出此，故決覆艾克等電，重加申明，並正式發表宣言，以表示我國不易之立場。眾皆同意照此進行，乃散會。」（11 月 25 日日記）

　　而美國則利用輿論壓力，希望中華民國不要使用否決權，蔣中正記：「美國大小各報對我國在聯合國大會宣布，如外蒙古亦包括其整批新會員國請求入會之中，我決定使用否決權之宣布，乃即一致評〔抨〕擊，各種幻〔幼〕稚猜測與曲解，幾認我為破壞聯合國之惟一惡棍，而其對俄共同時所宣布的如外蒙不能參加，則其對非共之十三新會員國亦必投否決票之聲明，則禁〔噤〕若寒蟬，而默認其為由我所逼迫致此矣，其他各種理由與法律道義皆置之不問。此種邪惡言行出之於美國，所謂自由世界

之民主模範領導者，則人類生命必將被其完全斷送於俄共，所謂
世界革命之手而後快乎。余對此種幼稚卑劣行動，明知為其政府
對我恫嚇之所為，故澹然置之。惟一本既定政策，仍以平心詳
覆，不變初衷。彼雖強加壓迫，當無如我何矣。」（12 月 3 日
日記）

　　蔣中正對此仍要求中華民國駐聯合國代表蔣廷黻在安理會
對外蒙入聯申請行使否決權。1955 年 12 月 13 日，蔣廷黻在討
論時極力主張全蒙古是中國的一部分，並行使否決權，也是中華
民國在安理會僅有的一次否決權行使。

小結

　　從年初的一江山失守，大陳撤退，換來對臺澎金馬的防衛保
證，與《中美共同防禦條約》的生效，和美國的外交、冷戰整體
布局相關，不僅只是東亞，包括中華民國在本年對德國宣布終止
戰爭狀態在內。但對於外蒙古加入聯合國問題，卻堅持對抗蘇聯
的主權立場，在安理會中行使否決權。而孫立人案，不論是否有
美國力量參與其中，日記中都顯示蔣中正還是在意美國人的想
法。這種需要美國在經濟與整軍方面的援助，又不願美國對人事
與軍隊多做干涉，複雜的多重情結，縱貫了整個 1955 年。

1956／從失敗中證明自己

任育德
國防大學通識教育中心副教授 *

壽近七十　前路幾何

　　1956 年，蔣中正將要步入七十歲。1949 年底中央政府播遷到臺灣後，他曾信誓旦旦地表示「一年準備，二年反攻，三年掃蕩，五年成功」，[1] 現在已經過了「五年成功」的時間，卻並未如自己預想地進行軍事反攻。蔣中正要如何自處呢？1956 年對於此時寓居臺灣的他而言，也正是一個回顧往事的時刻。

　　1949 年的大陸失敗，原因固然錯綜複雜，但歷史學界研究往往會指出的一個共通現象就是：「蔣中正領導下的南京國民政府治國能力不足」。從易勞逸（Lloyd Eastman）《毀滅的種子：戰爭與革命中的國民黨中國（1937-1949）》（*Seeds of Destruction: Nationalist China in War and Revolution, 1937-1949*）到 2023 年潘佐夫（Alexander V. Pantsov）《蔣介石：失敗的勝利者》（*Victorious in Defeat: The Life and Times of Chiang Kai-shek, China, 1887-1975*）、柯博文（Parks M. Coble）《中國國民政府的崩潰：蔣介石如何輸掉中國內戰》（*The Collapse*

---

*　本文僅為作者個人學術觀點及分析，不代表機構觀點及立場。

1　蔣中正，〈為撤退舟山、海南國軍告大陸同胞書〉，1950 年 5 月 16 日，秦孝儀主編，《總統蔣公思想言論總集》（臺北：中國國民黨中央黨史委員會，1984），卷 32 書告，頁 266。

of Nationalist China: How Chiang Kai-shek Lost China's Civil War），都指出通膨、貨幣政策、戰後復員等問題，造就社會人民對政府施政不具信心，最後連最支持政府的公教人員、中產階級再也無法支持政府施政，宣告政府執政的失敗。[2] 蔣中正領導的政權渡過 1949 到 1950 年間對美外交的不確定階段，在 1954 年 12 月 3 日簽訂、1955 年 3 月 3 日生效的《中美共同防禦條約》，將中華民國臺灣納入美國冷戰軍事防衛體系，臺海兩岸關係自此成為美、臺、中共三方角力關係，美方無法置身事外至今。[3] 同時，此時的蔣中正政權，在環境相對安定之時，也必須向境內人民證明具有一定治理能力。

中興大業　經建計畫

　　1953 年至 1956 年實施之第一期四年經建計畫的規畫及執行，可說是在獲得美援資金下的產物。為有效配合美援運用，迅速擴大農工生產、改善運輸系統，以謀求充裕物資供應，穩定經濟。著重社會農業從業人員比例而重視發展，貫徹耕者有其田政策的實施，改善品種及耕種方法，增加農民收益，提高其增產的興趣而穩固糧食來源。工業發展方面，以技術門檻較低、加工過程簡

2　易勞逸著，王建朗、王賢知、賈維譯，《毀滅的種子：戰爭與革命中的國民黨中國 (1937-1949)》（南京：江蘇人民出版社，2010），頁 207-216；潘佐夫著，梁思文、楊淑娟譯，《蔣介石：失敗的勝利者》（新北：聯經出版，2023），頁 427-442；Parks M. Coble, *The Collapse of Nationalist China: How Chiang Kai-shek Lost China's Civil War* (Cambridge and London: Cambridge University Press, 2023), pp. 203-211.

3　戈迪溫（Steven M. Goldstein），〈臺灣（何時）會與大陸統一？〉，陸德芙（Jennifer Rudolph）、宋怡明（Michael Szonyi）編，余江、鄭言譯，《中國 36 問：對一個崛起大國的洞察》（*The China Questions: Critical Insights into a Rising Power*）（香港：香港城市大學出版社，2019），頁 87。

單且易收效的輕工業入手，以節省外匯支出，提高國內供應能力。[4] 透過行政部門各相關單位的配合努力，的確獲致一定的效果，得以為後續推動經建計畫建立雛形，也為政府的治理能力做出了正面貢獻。

　　蔣中正在 1956 年 1 月 4 日主持國民黨七屆第二四二次中常會時針對四年經建計畫做出多點指示，包括黨方檢討意見可送從政黨員同志參考。工業建設應全盤計畫、具體項目及統一推行的機構。政府事權需要統一，切實負責釐訂具體計畫，再依據計畫列舉建設項目及所需資金。加強吸引僑外資在臺灣從事生產建設投資，可設立專門輔導機構專責半專責辦理通訊、宣傳、接待及其他有關協助投資事宜等。蔣中正仍肯定行政院院長兼中央常務委員俞鴻鈞所謂經建計畫應與建軍計畫配合之事，指出退輔會經費也應與經建計畫配合。[5] 至少蔣中正此時有關臺灣經建計畫問題，已可讓更為專業的經濟閣僚進行規畫，與美援相關機構進行溝通，並依照相關機構規劃作業進行計畫執行及管理相關流程。這顯示他終於在 1949 年的失敗之後，願意在臺灣開始任用專業人士並予以授權，設法展現政府治理能力的心意。後續在 10 月 24 日主持中國國民黨第七屆三一○次常會，也指示：

一、　對外貿易為明年行政工作之一，在舉行華僑經濟會議時，可由行政院先擬訂計畫，徵求華僑意見，使華僑對政府經濟貿易政策均能衷心支持擁護。

4　杜文田，〈我國經濟發展與經濟計劃〉，《經濟建設》，第 21 卷 4 期（1977 年 10 月），頁 8。

5　呂芳上主編，《蔣中正先生年譜長編》（臺北：國史館、國立中正紀念堂管理處、財團法人中正文教基金會，2014-2015），第 10 冊，頁 531-532，1956 年 1 月 4 日。

二、華僑經濟會議應邀外交部參加。[6]

　　11 月 17 日主持財經會談，指示調整國貿及商貿機構，[7] 19 日考慮將對外貿易業務劃歸經濟部主持，或將信託局改組為商務機構。願意給吸引僑資開綠燈，顯然是蔣中正所能接受也願授權的。

　　固然，蔣中正心中縈繞甚至是焦慮的「軍事」意涵，仍是要和「建設」劃上等號，或者是要「建設」為「軍事」服務的。我們也可以看見到他 5 月間自記退守臺灣「建立復興基地之目的」：「甲、只求一片乾淨土為復興基地，而放棄複雜紛雜不可收拾之龐大巨塊。乙、避免為世界眾矢之的，而使敵為眾矢之的。丙、顯示政府在亞洲地位之重要。」「遷臺以來克服重要之艱危，自信其必能達成反共抗俄之使命，天助自助與人助之例。」（5 月 4 日日記）「臺灣」作為蔣中正心目中「復興基地，自有「從頭、從新開始」之意，建設「復興基地」自是為「反攻大陸」而服務。不過一旦開啟「計畫」、「建設」，並且是接受美國的支援及監督，蔣中正單方所想的「軍事」終究在一段時間之後是要和「計畫」、「建設」脫勾，這不是他一人力量就可以改變或挽回的。

往事如煙　歷歷在目

　　1 月 16 日，蔣中正夜裡無法成眠，思及 1936 年西安事變往事：「此為民國廿年以來在贛剿匪時起，常以共匪負隅東南贛閩

6　呂芳上主編，《蔣中正先生年譜長編》，第 10 冊，頁 625。
7　呂芳上主編，《蔣中正先生年譜長編》，第 10 冊，頁 625。

一隅，而未在西南與俄接近之地區為幸，此乃對匪一貫之政策
（不允其漫延西北），而乃於廿五年杪，已將澈底消滅之最後階
段，竟轉變政策允其存在，以致形成今日之浩劫，誠為百身莫贖
之罪愆，當時所以改變政策之原由，其一為日寇進逼日急，非及
時收撫不能禦外，因此一心理又影響對匪觀念，以為若輩皆為華
冑黃裔，終有愛國保種觀念，決不至喪心病狂，賣國害民，甚至
滅種亦所不惜之思想，更認為以余革命之歷史地位與經驗，對匪
不難感召之信念，孰知其將養癰遺患至此耶！故偶一思觸所及，
竟不成寐，乃又服藥（安眠）矣。惟此一關鍵，實繫於國家存
亡、人民禍福，與革命之功敗垂成，能不痛切悔悟乎。」（1月
17日日記）

　　在前述記載中，蔣中正將自己置放於反共反蘇第一線、具
備豐富對陣經驗的位置，認為自己「將勝未勝」，一方面是由於
日本國際局勢的牽制，另一方面就是自己誤判中共與國民黨同為
「黃種人」，再一方面就是過於自信個人「以德感化」之力，三
重因素所致。因此，蔣中正以反共先覺者角度出發，將中共放在
與國民黨鮮明對立位置：非中華民族、非可以領導人力量感化。
這樣為中國共產黨進行角色定性的工作，最後的具體成果就是
1956年12月25日出版《蘇俄在中國》。

　　蔣中正又是怎樣定位中國共產黨與國際政局，試觀下列文字：
「中國共產黨不是中國的產物，乃是蘇俄共產帝國的螟蛉。」[8]
「我深恐今後俄共及其傀儡中共以其侵略我大陸，奴役我同胞的

8　蔣中正，《蘇俄在中國》，秦孝儀主編，《總統蔣公思想言論總集》，卷9
　　專著，頁19。

故技，轉而危害於世界人類而無法阻止，乃不揣愚拙，特將本書公之於世。」[9] 在書中他認定的俄共馬克斯主義意涵：「但是我們所應該特別注意的，就是馬克斯主義在俄國滲入了大斯拉夫主義及沙皇專制主義的特徵，倘如馬克斯和恩格斯今日能目睹其蘇俄和中共所謂蘇維埃制度的殘暴行為，亦必將大為驚詫。」[10] 還警告蘇聯的暴力「乃潛存於其『和平共存』的外衣之內」。[11] 因此，中國的鬥爭失敗經驗可供世界其他反共國家警惕並防範。蔣中正也透過將蘇聯、中共的共產主義「異化」，以顯示中華民國與美國等民主國家都是要防範蘇聯、中共共產主義的自由主義國家、民主政體陣營之一。這一說法自然是顧慮到什麼言論可能可以打動美國政界的角度出發的。

在這樣的主軸之下，國民黨與中共、中華民國與蘇聯三次的「和平共存」時間也就是和中國國民革命、追求主權在民、民族自決、獨立自主時間相同：第一次「和平共存」是從 1924 年中國國民黨的聯俄容共，至 1927 年中國國民黨的全面清黨及國民政府對俄絕交。這一次嘗試，就很快的歸於失敗。此後國民政府又經過了第二和第三次與蘇俄及中共「和平共存」的時期。第二次是 1932 年中蘇復交，及 1937 年中國對日抗戰發生，中共的乞降投誠，至 1945 年抗戰結束與五次和談。第三次是 1945 年至 1949 年，由中蘇條約，政治協商，經共匪全面的叛亂，乃至大陸關入鐵幕。[12] 這樣的說法，也就趁勢將世界革命潮流與中國革

9　蔣中正，《蘇俄在中國》，頁 18。
10　蔣中正，《蘇俄在中國》，頁 15。
11　蔣中正，《蘇俄在中國》，頁 18。
12　蔣中正，《蘇俄在中國》，頁 16。

命運為一體，在中國 1947 年行憲之後，「在民主中包括自由」成為當時時代環境特殊的語言狀態之一。而自由民主的敵人——法西斯主義、共產主義是民主的逆流，也就在此成立。[13]

和平共存　蘇俄在中國

　　從上述文字可以理解在蔣中正日記中會將書寫期中的《蘇俄在中國》屢屢稱為「和平共存」的來源。事實上，蔣中正在日記中第一次出現有關陶希聖所著《蘇俄在中國》書稿完成資訊，是 1955 年的 5 月 26 日「午課後審閱陶著『和平併存』論，擬改為『中國與俄共三十年經歷紀要』」（1955 年 5 月 26 日日記）。蔣中正當時則想要用「中國與俄共三十年經歷紀要」標題，此後日記並未出現「和平併存」，取而代之的則是「和平共存論」，而「中國與俄共三十年經歷紀要」出現的也不多，而是轉成了真正成書時的書名《蘇俄在中國》。[14] 修訂書稿，也成為他在 1956 年工作之一。由於《蘇俄在中國》出版之後，迅速動用人力物力在一年內翻譯為英、日兩種語文出版，並進行系統宣傳，在一年內販售十版，因此日本研究者若松大祐稱之為「黨國正史」的撰寫，甚至是「官製歷史」集大成之作。[15]

　　如果從《蘇俄在中國》不厭其詳的提醒讀者，中國過去百年

---

13 若松大祐，〈蔣介石『中国のなかのソ連』（1957）の歷史観―臺湾から米華相互防衛条約を基礎つけて―〉，《現代台湾研究》，第 44 號（2014 年 3 月 31 日），頁 6。

14 陳立文，〈從蔣日記看蔣介石與《蘇俄在中國》〉，《旺報》，2010 年 10 月 9 日。

15 若松大祐，〈雙重面相―1950 年代後半張學良的自敘〉（臺北：國立政治大學歷史學系碩士論文，2004），頁 19；若松大祐，〈蔣介石『中国のなかのソ連』（1957）の歷史観―臺湾から米華相互防衛条約を基礎つけて―〉，頁 16。

所受的外力侵略，追尋民族獨立自主歷程所受險阻，並藉此反覆申述蔣中正為孫文思想唯一繼承人，曾經挺身而出作為反共急先鋒，成功將俄共假中共寄生國民黨以取得國民革命領導權，取得全國統一拖延達二十三年言，這的確也是他在此時給自己前半生的回顧。

蔣中正為了防禦自己在外人眼中治國失能的評斷，是如此自辯的：「至於當時內政上的財政、軍事、經濟、工商、教育、司法、社會等各方面很多缺點，自然也是反共鬥爭失敗的因素，但是這些都不是失敗的主因。如果我們在反共組織和技術上沒有重大缺點，在政策和戰略上沒有什麼錯誤，尤其反共鬥爭的民族精神，如果不致動搖，那我們這些行政上的缺點，還是隨時可以改正補充，根本上並沒有不能解決的問題。而且長期戰爭之後，政治社會上發生各種缺點，不僅是我國如此，即在其它任何國家，亦恐不能避免。所以我們認為當時行政上的缺點，並不是反共鬥爭上的致命傷。但是我們今日在各種行政技術上應該改進的事項，在我們的組織與宣傳上應該研究和發展的問題，以及在我們思想與精神上尤其是心理上應該改造的處所，實在還是大多了。」[16] 這話自然也是想要向外國人訴說並希望他們傾聽的。

蔣中正最終想提出訴求是美國要負起反共領導責任：「我以為領導反共的美國，不能採取普遍設防或到處參戰的方針，而應採取間接作戰的迂迴戰略，並採取重點主義，選擇其主戰場，予侵略者以致命的打擊。若對亞洲來說，就應該針對亞洲共禍的根源和俄共世界革命戰爭的最後根據地，來綜核東方各民族反共革

---

16 蔣中正，《蘇俄在中國》，頁 211。

命武力的統一計畫，負責指導，總以轉變世界戰略形勢，阻止共
產集團的侵略，使整個自由世界免於第三次大戰為最高指導的原
則，同時亦得以解放共產鐵幕，重建世界和平與安全。這是今日
民主集團對於反共戰爭的基本原則，我相信這個基本原則，如能
適切實施，則人類浩劫自可免除，而世界和平亦必能重建。」[17]
這再次顯示美國無法和反共、反侵略脫鉤，中華民國也必須和美
國及其他受共產勢力侵略國家聯合抵抗，這就是他心中構想的反
共戰線。因此，將《蘇俄在中國》視為此時期他構想的反共戰線
組織宣傳說帖，並不為過。

少帥執筆　服從黨國

　　為了充實《蘇俄在中國》與國共鬥爭記載內容，蔣中正不斷
檢視文稿，進行補充修正，「以期減少弱點也」（9月15日後
「上星期反省錄」）。也將補充西安事變敘述細節內容的適合人
選，望向了自從1937年起雖獲特赦，隨即遭到軟禁的張學良。
約在1956年11月下旬，蔣中正傳話給張學良監視者——國防部
情報局少將組長劉乙光，要求張學良書寫西安事變回憶錄，張學
良則於12月5日、6日、17日分別寫信說明。

　　蔣中正後來自記感想：「本日閱讀張學良自述其西安叛變
的通匪經過情形，甚覺當時不即追究此一經過，重要事項過於疏
忽，以致對東北軍很多處理方針與人事之失當，加重卅七年冬東
北失敗之因素，甚為遺憾。」（12月18日日記）12月21日，
張學良撰寫蔣中正交下駁斥郭增愷〈西安事變感言〉的回覆內

容。24日蔣中正續修張學良自述，27日審閱張學良自述後自記：
「余自愧對人的心理不能精密審查與揣測，當時張之態度心緒如
能略加測度，或試探其口氣，即可發現其真相，或可免除變亂。
此乃余主觀固執、不重客觀對象，故處理大事常犯疏忽粗露之大
病，以後對事必須求精密、求根柢真實，對人必須揆度其隱情，
並將順其意，而探伺其動向與內心的趨向，或可略補平生之過缺
乎。」（12月27日日記）

　　蔣中正與張學良之間重新接觸，也可說是因撰寫《蘇俄在中
國》而衍生的副產物。張學良所書寫的文件，也在1957年間，
成為蔣經國整編合併，交給張學良重新抄錄修改之〈西安事變回
憶錄〉基礎內容。蔣中正在此中主導回憶方向的意思也甚為鮮
明，要當反共指導明燈意向依然未變。若從若松大祐的研究出
發，也就是張學良的個人史觀書寫要服從並配合黨國史觀的撰
寫，而就自我書寫文件進行不斷的修正，直到蔣中正滿意為止。

基督宗教　宣教反共

　　最後，在《蘇俄在中國》雖未明言中共、蘇共是「無宗教」
者亦即基督宗教的敵人，但蔣中正在日記中記入與華籍、外籍傳
教士的交流，也可視為是蔣中正意圖向國外基督教社群傳達反
共理念的管道之一。讀者在日記中看見盧祺沃、包靈（或作保
靈、波林，Daniel A. Poling）博士等人名，也許略感不解這些人
何以在此？盧祺沃為廣東順德人，生於美國紐約，在廣州、北平
中學求學後到美國多所學校就讀，獲得神學博士暨音樂教育博士
學位。先後擔任美國波士頓、芝加哥、舊金山及紐約華人教會牧
師、廣東順德昌明學校校長、臺灣中原理工學院教授、聖經公會

理事等職。並曾於 1956 年至 1966 年兼任臺北士林凱歌堂牧師，也擔任佩帶聖經會亞洲區總幹事，去越南地區向美國軍人傳福音。[18] 包靈則是美國《基督教先鋒報》（*Christian Herald*）總編輯及實務負責人，參與社會福利事業頗多，也頗具募款能力。

美籍宣教士孫理蓮（Lillian R. Dickson）在臺灣從事社會福利事業，1953 年返美述職時，曾經繞道紐約拜訪包靈博士，詢問贊助職訓工作的可能性。當包靈獲得指定救助痲瘋病人的捐款後，即轉給孫理蓮，使她得以在樂生療養院建立職業治療室。[19] 李貞德注意到，像孫理蓮這樣的傳教士，不僅在募款時表述，也真心認為富裕的基督教美國，應該協助困頓的自由中國，對抗如影隨形的共產敵人。

孫理蓮最常求助的美國團體一是為處理韓戰孤兒問題而發起的世界展望會，二是總部設在紐約的《基督教先鋒報》。包靈博士和宋美齡有私誼，來臺視察孤兒院運作期間，宋美齡曾以私用飛機接送，請他在官邸教堂講道，並邀孫理蓮夫婦上陽明山晚宴作陪。[20] 宣教、反共形成這些人或群體之間意外的連結，或許也同步強化了蔣中正意欲形構反共網絡的隱性支持者。這是在 1956 年日記中意外呈現的脈絡，出身基督教家庭的宋美齡在其中扮演隱形推手，也值得其他有興趣的研究者多所挖掘及關注。

---

18 嚴啟榮，〈臺北復興堂從開拓到增長之研究〉（臺北：基督教臺灣浸會神學院神學研究所碩飾論文，2016），頁 7。

19 李貞德，〈從師母到女宣──孫理蓮在戰後臺灣的醫療傳道經驗〉，《新史學》，第 16 卷 2 期（2005 年 6 月），頁 120。

20 李貞德，〈從師母到女宣──孫理蓮在戰後臺灣的醫療傳道經驗〉，頁 140-141。

1957／中美矛盾的總爆發

任育德
國防大學通識教育中心副教授＊

信仰的力量

　　蔣中正在 1957 年 12 月 31 日的「雪恥」欄，記錄這一年結束時的心思：「今天為四十六年的大除夕，這大好的一年光陰又虛度過去了麼，對於我的精神德性的修養、學術智識的進步，以及工作事業的增加，究竟如何。我認為是比往年略佳，而對於今日的生活環境，自覺更為滿足，惟有感謝上帝恩賜與讚美耶穌時刻護佑而已。明日就是四十七年開始了，應作如何計畫與準備，來迎接這個新時代到來與新生命的發展，仰望上帝如計如期賞賜我們反攻開始，復國成功，來建立基督教理、三民主義、富強康樂的新中國，使不愧為基督信徒則幸矣。」（12 月 31 日日記）

　　品德、學術、事業自覺「略佳」，生活環境自覺「更為滿足」，一切都感謝信仰支持。但是這一年中華民國與美國之間曾經發生「五二四」事件，差點讓蔣中正無法在年底寫出這些話。

　　此一 1957 年重大事件引發之政治波瀾、效應，也就是本篇導讀想介紹的內容。

＊本文僅為作者個人學術觀點及分析，不代表機構觀點及立場。

五二四事件

1957 年 3 月 20 日夜，革命實踐研究院辦公室文書課辦事員劉自然，在陽明山美軍宿舍群區域內的駐臺美軍陸軍上士羅伯特・雷諾（Robert G. Reynolds）公寓外，遭槍擊身亡。[1] 由於雷諾地位經中美兩國政府換文協定，具有外交人員身分，不受中華民國司法權管轄，因此我方將檢察機關調查結果及有關證物，由外交部送達美方審判。美國組成陪審團進行審理，雷諾最後被判無罪，引起臺灣軒然大波。5 月 24 日，劉自然遺孀到美國大使館前抗議，經新聞報導，引發群眾圍觀聚集聲援。當日下午起，美國駐華使館（財政部臺北國稅局總局現址）、美國新聞處（臺北中山堂前）等遭圍觀群眾衝入搗毀，導致本國籍及外籍人士達上百人受傷，當日有肇事者八十七人遭到逮捕。此即臺北「五二四」事件。臺北市從當日實施戒嚴，直到 6 月 5 日解除。近年學界栗國成、林桶法、Stephen G. Craft、馮琳也從治外法權、政治、區域安全、中美關係等不同角度進行討論，意者可自行參閱，此處不多贅言。[2]

事發後，由於軍警當日忙於參加演習，力量未能集中，憲兵司令劉煒、臺灣省警務處處長樂幹仍無法妥善處理。參謀總長

---

1   「革命實踐研究院致外交部代電」，1957 年 5 月 4 日，〈劉自然被殺〉，《外交部》，國家發展委員會檔案管理局：A303000000B/0046/425.2/33。

2   栗國成，〈1957 年臺北「劉自然事件」及 1965 年〈美軍在華地位協定〉之簽訂〉，《東吳政治學報》，期 24（2006 年 12 月），頁 1-68。林桶法，〈從劉自然案論述 1950 年代美軍顧問團的問題〉，黃克武主編，《同舟共濟：蔣中正與 1950 年代的臺灣》（臺北：國立中正紀念堂管理處，2014），頁 227-262。馮琳，〈「五二四」事件後的臺與美——兼及「反美」之辨〉，《臺美分歧研究（1949-1958）》（北京：社會科學文獻出版社，2021），頁 319-347。Stephen G. Craft, *American Justice in Taiwan: The 1957 Riots and Cold War Foreign Policy* (Lexington, KY: University Press of Kentucky, 2016).

彭孟緝親赴臺北衛戍司令部，召集衛戍司令、保安副司令、憲兵司令、警務處處長等，作出：限當日廿四時前，將未散群眾即予驅散，並恢復市區秩序；衛戍憲警及部隊在執行勤務時，得依規定使用武器自衛及鎮壓暴動等指示。25 日，美國大使館及美國新聞處附近，均列為特別警戒區，禁止一般民眾通行。[3]

在「五二四」事件爆發當時，美國駐中華民國大使藍欽（Karl L. Rankin）正在香港，當晚趕回臺北。外交部部長葉公超即致電請其在松山機場等候，並洽由國防部參謀次長賴名湯護送到外交部。藍欽抵達後，即向葉部長口頭提出抗議，並要求道歉賠償。藍欽在路經美國新聞處時，觀察到館所遭到破壞，但群眾沒有對他們表示敵意。[4] 事後，美國大使館一方面召開記者會說明，也動員使館工作人員及眷屬協助復原文件歸檔，經確認最機密的資料並未受到侵犯，館內文件有 90% 左右經查是可使用狀態，剩餘部分在暴動中遭焚毀。終於找到足夠的密碼資料，以證明密碼並未受殃。因此，並無中國人士藉侵入以偷竊美方密碼及文件的情形發生。[5] 藍欽認為最大的問題是：「十年來臺灣沒有任何嚴重的動亂，因之內部的安全措施，已經鬆懈了。」[6] 5 月 29 日，美國中央情報局局長艾倫‧杜勒斯（Allen Dulles）對記者表示：「就現有之證據觀察，大量美軍駐紮臺灣，似乎是此次騷動的基本原因。但此次事件不致引起美國在遠東各項基本政策

---

3 *Foreign Relations of the United States, 1955-1957*, Vol. III, Part 1, China (Washington: United States Government Printing Office, 1991), pp. 293-296.

4 Karl Lott Rankin, *China Assignment* (Seattle: University of Washington Press, 1964), pp. 300-301.

5 Karl Lott Rankin, *China Assignment*, p. 307.

6 Karl Lott Rankin, *China Assignment*, p. 305.

及對國民政府各項政策的任何改變，也未曾接獲有關中國政府曾參與鼓勵，關於抗議美國兵雷諾宣判無罪之宣傳；也許他們對聚集在各個美國建築物前之群眾，沒有提高應有的警覺。」[7]

危機處理的表與裡

5 月 24 日，總統蔣中正正在日月潭，獲得武官通報臺北爆發事件，記下：「午課後得報，臺北群眾以美國昨日對其上士雷諾槍殺劉自然案軍法審判不公平，判決無罪結果，乃群起包圍美大使館，並加以搗毀與拷打其館員，繼之又包圍美協防司令部，情勢嚴重，此乃外交部始謀不臧所致，令即戒嚴，以防共諜滲入搗亂也。」（5 月 24 日日記）

隔日，蔣中正即刻返回臺北，先與蔣經國、彭孟緝次第見面，聽取二日來經過情形報告，再約陳誠等商對美案處理方針，以免危及中美關係。因為他知道，在民族尊嚴面與實際利益面產生衝突，會影響其政權生存：「八年以來對美忍辱負重，努力奮勉，奠定復國基礎之工作恐將毀於一旦，而且其為最不榮譽之野蠻公民行動所敗毀，能不痛心悲憤？復國前途又蒙重重黯影，不知所止。惟禍兮福所倚，要在自立奮鬥，百折不撓，盡其在我而已。」（5 月 25 日日記）

藍欽會見蔣中正時，曾根據相關現場觀察，質疑蔣經國涉及其中。[8] 這讓蔣中正內心感到惱怒，卻也不便當場發作，只能透

7 「張羣呈美國國務卿對五二四事件答記者問題部分譯文及美國輿情反應與政府處理經過」，〈對美國外交（十三）〉，《蔣中正總統文物》，國史館：002-080106-00035-008。

8 Nancy B. Tucker, *China Confidential* (New York: Columbia University Press, 2001), p. 141; Steven G. Craft, *American Justice in Taiwan: The 1957 Riots and Cold War*

過日記內心表態：「當時藍欽態度與思想之謬誤更是出人意外，彼受中國反動派假情報之包圍，竟疑此案為經國所主動，殊令人刺激無已，真以為不易與美國人為誠實朋友矣。此為遷臺以來最大刺激之一，但仍能極端忍耐，一本慎重處理，凡我所應為和所能為者，無不自動實行，期能消除美國之誤會，以減少不利之影響，至於其結果成敗如何則概置度外。最後草擬告國民書以自責，並警告國民認識此案性質之嚴重程度，使之自反自覺，以打消其憤恨與衝動再發之情緒，一面更使美國反蔣派不能藉此毀華扶共耳。」（5月31日後「上月反省錄」）再於幾天後由外交部藉其他見面機會轉達蔣中正的心意。

在政府人事面上，第一線負責者即刻遭到處分。衛戍司令黃珍吾、憲兵司令劉煒、臺灣省警務處處長樂幹三位治安主管「奉准撤職」，該年年底讓黃、劉二人以國防部參議復職，隨即辦理退役。[9] 事實上，這件事情在政府行政機關確實引發相當內部議論。蔣中正雖拒絕6月行政院院長俞鴻鈞提出總辭之請，予以慰留，但俞鴻鈞無法擋住後續監察院調查，經蔣中正同意拒絕監察院約詢而引發的政治效應，使得俞鴻鈞終於1958年7月4日卸任行政院長，由國民黨副總裁陳誠出面組閣。這是另一波政治後續效應。

6月底蔣中正自記：「本月工作大部注重於臺北暴動案之結束問題上，其一為一日發表告人民書，其二為軍法審判人犯皆獲

Foreign Policy, pp. 131-136; CIA Current Intelligence Bulletin, top secret, June 1957, CIA/FOIA, no. CIA-RDP79T00975A003100320001-1.

9　「劉自然案（五二四事件）」，《憲兵司令部檔案》，國家發展委員會檔案管理局：A30545 0000C/0046/0552/1024。

相當效果，故暴動案至本月末可說已近尾聲，但美使館仍瑣屑指摘與挑踢〔剔〕絡續不已，殊令人痛憤，惟此亦增加我對美外交經驗不淺也。」（6月30日後「上月反省錄」）

　　蔣中正在關鍵時刻出手處理，表達中華民國方面的誠意及補救，確實耗盡心思，尤其涉及對家人的質疑，在不耐情緒下，仍慎重應對，提出證據回應，這也是蔣中正自評「另類的對美外交經驗收穫」吧。經林桶法統計，1957年5月底至6月底一個月內，日記中有關蔣對「五二四」事件的意見就有二十四條，顯示蔣「甚為重視」。[10] 直到當年9月中美國總統特別助理李查茲（James Richards）仍藉會見蔣中正時，當面提出美方對臺北因應遲緩、救國團成員涉事的懷疑，蔣中正維持總統高度，為發生使館破壞事件致歉，不解釋調度細節問題，也「拒絕評論」救國團的提問。[11] 按蔣中正和李查茲接觸談話就日記的記載，有9月13日晚宴，以及14日（連同國務卿赫特 Christian Herter）、16日兩次會見。但他隻字未提李查茲的質疑，只提談話內容以傘兵空降計畫為主題，李查茲會將在臺考察情況向總統艾森豪報告（9月16日日記）。因此，蔣中正日記主觀偏重傘兵計畫遊說及選擇性的記載，於此可見，和其他記載相對照，有其必要。

　　重視有公的一面，自然也有私的一面。私的一面，稍後再表。

　　政府若無法保障人民生命財產安全，且司法審判權無法落實，自是重大挫折，勢必得給予民眾一定情緒宣洩出口。這其實

10　林桶法，〈從劉自然案論述1950年代美軍顧問團的問題〉，頁229-232。

11　"Memorandum From the President's Special Assistant (Richards) to the Secretary of State", Washington, October 9, 1957, *FRUS 1955-1957*, Vol. III, Part 1, China, p. 626.

也是為何政府對於劉自然有關案件新聞界報導，未敢在事前刻意抑制的原因。但是發生「五二四」事件，在相關報導參與其事的新聞界，無形間成為代罪羔羊。我們可以注意到，政府在事後軍法審訊相關涉案者過程中，也引發新聞界記者、編輯一波整肅，其中如《中華日報》記者戴獨行遭到羅織，以「知匪不報」入獄五年（1962年出獄），基隆《民眾日報》編輯林振霆遭叛亂罪逮捕入獄，遭處無期徒刑（後在拘禁二十七年後獲釋），《國語日報》編輯朱傳譽遭處感化三年，此一以「潛伏新聞界匪諜」性質稱呼之政治案件，[12] 直到2019年2月27日，由行政院促進轉型正義委員會公告撤銷有罪判決。[13] 該一由「五二四」事件引發之政治案件，自可視為對新聞界的另類警告，這是在蔣中正日記中看似淡然的「事件結束工作」看不到的。

外交與政治波瀾

　　有研究者指出，「五二四」事件可視為在中華民國與美國表面盟友關係之下，潛藏諸多矛盾藉此由上而下的一次總爆發。[14] 由此來看各方反應是可以理解的。「五二四」事件中受到刺激的人何止蔣中正，蔣中正長久經營與拉攏的美國保守陣營人士在媒

---

12 國家安全局編印，《歷年辦理匪案彙編第二輯》（臺北：國家安全局，1961），頁506-511。當事人之一戴獨行曾撰寫回憶錄，戴獨行，《白色角落》（臺北：人間出版社，1998）。

13 「促進轉型正義委員會撤銷有罪判決公告／公告受難者黃頂君等1056人應予平復司法不法之刑事有罪判決暨其刑、保安處分及沒收之宣告，於促進轉型正義條例施行之日均視為撤銷。（撤銷公告名冊（一）序號第722~974號）」，2019年2月27日，《促進轉型正義委員會》，國家發展委員會檔案管理局：AA65000000A/0107/600/001/0003/004。

14 馮琳，〈「五二四」事件後的臺與美——兼及「反美」之辨〉，頁341。

體中表示的意見，自讓蔣中正不容忽視經營多年的關係面臨極大考驗：「甚至向來對我友好之議員如諾蘭等，為其自身計，亦不能不表示其不滿與反對之態度，此一趨勢如不設法消弭，則我根本計畫與復國大業必將成為泡影。而且國內民眾因雷諾案之不平，反美情緒仍在普遍潛滋，匪諜亦漸活動，勢將蔓延難制。」（6月1日後「上星期反省錄」）蔣中正在與美國海軍將領史敦普（Felix B. Stump）談話時，也感受史敦普質疑軍警處理措施，「見其態度不若過去之和愛，何耶。」進而感覺在與史敦普、藍欽茶點時講話措辭之難。（6月27日日記）

「五二四」事件也刺激了臺灣的自由主義在野者。雷震實際主持的《自由中國》在6月1日用社論〈雷諾判決無罪與臺北騷動事件之檢討〉提及要建立健全的政治制度，確立分層負責的制度；也要求美國軍人在執行職務之外所犯的罪嫌，應接受我國司法審判。6月16日刊登社論〈怎樣挽救當前危局〉要求國民黨退居普通政黨地位，說實話、做實事，捨棄虛矯空洞的政治口號。徐道鄰名義的〈臺北騷動事件的心理分析〉詳細地分析事件發生的環境與心理因素意外彼此激盪而爆發事件。[15]而從該年8月1日起，《自由中國》開始刊登「今日的問題」系列社論，開篇檢討反攻大陸問題，訴求政府改革，以成立反對黨進行政治競爭為系列尾聲。[16]這都是在蔣中正日記記載以外，受到

---

15 內容詳見社論，〈雷諾判決無罪與臺北騷動事件之檢討〉，《自由中國》，卷16期11（1957年6月1日），頁4；社論，〈怎樣挽救當前危局〉，《自由中國》，卷16期12（1957年6月16日）頁4-5；徐道鄰，〈臺北騷動事件的心理分析〉，《自由中國》，卷16期12（1957年6月16日），頁6-8。

16 社論，〈是什麼，就說什麼（代緒論）〉，《自由中國》，卷17期3（1957年8月1日），頁3-4；社論，〈反攻大陸問題今日的問題（二）〉，《自由中國》，

「五二四」事件激盪而生的檢討及政治波瀾之一。

蔣經國的處事

以下將談論蔣中正處理時所面臨的私情面，這就是一度遭到美國懷疑與事件有關的蔣經國。

林孝庭引用近年開放的蔣經國日記就注意到，蔣經國在雷諾審訊期間曾到場旁聽，也對美國軍法審判雷諾無罪結果表示不滿。等到事件爆發後，蔣經國自記在「良心上與事實上皆應負重大之責任」；他同時對政府中人陳誠、俞大維不出好言，以及美國駐臺人員為釐清案情的詢問，好似被視為犯人對待一般而壓力沉重。蔣經國所謂「事實上」責任，當屬林孝庭指出的——要求臺北市憲警大規模人力參與演習，致使人力不足因應。[17] 畢竟他在事前，警覺到臺灣民間的不滿，要求救國團主任祕書李煥，必須注意學生情緒以免遭利用舉行罷課、遊行、示威，可確認其無心主導或製造事件。[18]「領袖之子」蔣經國在事發後三天即與美國孟波爾、藍日會談話，五天即發布媒體談話。[19] 蔣經國也在 5

卷 17 期 3（1957 年 8 月 1 日），頁 5-7；社論，〈反對黨問題「今日的問題」之十五〉，《自由中國》，卷 18 期 4（1958 年 2 月 16 日），頁 3-4。

17 林孝庭，《蔣經國的台灣時代：中華民國與冷戰下的台灣》（新北：遠足文化，2021），頁 69-70。回應美國資料見「五二四事件報告英譯文」，〈中美關係（十七）〉，《蔣經國總統文物》，國史館：005-010100-00071-006。

18 指示李煥全文，可見許瑞浩、周美華、廖文碩、陳世局編輯，《中華民國遷臺初期重要史料彙編：蔣經國手札（民國三十九年──五十二年）》（臺北：國史館，2015），頁 566-567。這項指示旋在救國團提出報告時獲得抄錄，「中國青年反共救國團對五月二十四日臺北不幸事件有關青年運動方面檢討報告書」（1957 年 6 月 7 日），〈任臺灣省政府主席時：四十六年五二四對美大使館騷動事件〉，《嚴家淦總統文物》，國史館：006-010304-00001-028。

19 「民國四十六年五月救國團主任蔣經國與藍日會會談有關五二四事件談話記

月 27 日一場內部訓話，表示「治安系統」和教育系統受到事件很大的教訓。[20] 他在此時，必須被迫壓低身段，向外籍人士陳述並非幕後主使者，也見到自己被其他前輩藐視，顯然更在積累已久的彼此互動帳本再加一筆，自有滿腹委屈及牢騷。

蔣經國發出和陳誠相處的不滿情緒，也早現蹤跡。1953 下半年，美國情報評估即有記載稱：蔣經國已掌握非常大的個人權力，其權力形成依賴父親扶助；蔣經國個人權力仍在增長；也因此，除非蔣經國退休甚或過世，必將成為蔣中正去世後中華民國最有權力者之一。但蔣經國目前政治經驗不足，最好先居於幕後；與政敵陳誠之關係也是他面臨重大挑戰。[21] 1955 年，美國外交檔案顯示，美方已認為蔣經國不可能倒向中共。[22] 美方情報機關研判蔣經國權力基礎在中下層，並不在國民黨上層，是陳誠的唯一挑戰者。蔣中正努力維持蔣經國、陳誠的權力平衡，在「可預見的未來不會有其他的領導人挑戰陳誠和蔣經國的地位」。蔣中正是否違憲連任第三任總統，態度尚不明朗。但美國情報機構

錄」、「民國四十六年五月救國團主任蔣經國與孟波爾將軍會談有關五二四事件談話記錄」，1957 年 5 月 27 日，〈蔣經國演講稿（二十五）〉，專著手札與講詞—講詞，《蔣經國總統文物》，國史館：005-010503-00025-002、005-010503-00025-003。"Chiang Jr. Says 'Fools' Led Riot", *Washington Post*, May 29, 1957, A2.

20 「民國四十六年五月二十七日蔣經國主持高初級班第九期暨輔幹班第六期開學典禮並演講以國家安危為己任」，1957 年 5 月 27 日，〈蔣經國演講稿（二十三）〉，《蔣經國總統文物》，國史館：005-010503-00023-024。

21 〈國務院情報研究所關於蔣經國之閱歷、權力地位及執政能力的評估〉（1953 年 9 月 8 日），沈志華、楊奎松主編，《美國對華情報解密檔案：1948~1976》（北京：東方出版中心，2009），第 4 冊，頁 334。

22 "National Intelligence Estimate, April 16, 1955", in *FRUS, 1955-1957*, China Vol. II (Washington D. C.: U. S. Government Printing Office, 1986), p. 485.

猜測，只要蔣中正還有精力，對政府的控制就不會放手。[23]

由於 1956 年蔣經國日記中透露出不滿陳誠情緒，令 1957年批閱日記的蔣中正以領導人、父親雙重身分有感而發：「近觀經兒去年日記，其對辭修言行不一多所不滿，且以辭修為一般小宵所包圍，好聽細言之關係，往往出口傷人，因之積累甚久，引起余最大之憂戚。昔日總理之左右幹部即胡、汪，皆自私是圖，不能和衷共濟，又因在其生前未得指定後繼之人，以致其逝世後演成本黨內訌，幾乎遭受崩潰覆亡之禍。此時經國與辭修，如一有疑忌與矛盾不睦之情緒，則余一生為黨國與革命苦心經營之事業必將因之一筆勾銷，故應嚴戒經國，對辭修必須尊敬將順，以輔助辭修，使能盡心繼吾黨領導重任，以完成余志則幸矣。一面亦應設法使辭修了解此意，以修正其短處，尤其是好聽細言與信口傷人之舊習也。」（1 月 31 日後「上月反省錄」）「批示經兒去年日記，促其反省，而對自我三年來日記總反省錄，亦於日月潭休憩期間草成，甚覺有益，但因此疲勞致疾矣。」（2 月 28日後「上月反省錄」）蔣經國的確也有因應，他函囑江國棟、王昇，訓斥他們都要低調做事，「不但要以領袖的意志為意志，並且要以領袖的對人態度來對人」，「吾人惟有服從領袖之領導，接受陳副總統之指導」。[24]

蔣中正以護子跟領導人二重角度注意到蔣經國行事的「主觀」、「硬幹」，需要一些困難與閱歷以磨平稜角，一個評估有

23 〈中情局關於臺灣國民黨政權基本形勢的評估〉（1956 年 9 月 4 日），沈志華、楊奎松主編，《美國對華情報解密檔案：1948~1976》，第 4 冊，頁356、357、360。

24 許瑞浩、周美華、廖文碩、陳世局編輯，《中華民國遷臺初期重要史料彙編：蔣經國手札（民國三十九年──五十二年）》，頁 555-556。

有愛深責切之心：「經國對事對人多不注重其環境與實際情勢，而一意以主觀自恃硬幹直衝，因之其觀察與報告亦多偏差而不合實際，殊為可慮，此其平生尚未遭遇真正之艱難與失敗，所以養成此種習性，應切戒之。」（9 月 18 日日記）我們也注意到，「五二四」事件之後，蔣經國一度隱身在公共視野之外，轉而督導接受美援的退除役官兵安置以及中部橫貫公路的開發。在1957 年年底，蔣中正稱「家庭親愛和睦日益增厚，最為欣樂。」（12 月 31 日後「上月反省錄」）或許可視為蔣中正父子關係在處理臺北「五二四」事件波折後，在親情面進一步鞏固彼此間的親情羈絆吧。

餘音：司法管轄權

　　至於「五二四」事件中最重要的外籍軍人是否得在職務執行之外涉及犯罪時，接受當地國審判？此一引發事件之爭的根源，中美雙方雖曾於 1955 年至 1957 年陸續就〈美軍在華地位協定〉磋商九次，終因美方堅持駐華美軍享有治外法權，中華民國方面顧慮政治情勢不敢提出對案。Stephen G. Craft 指出，正因為臺北爆發「五二四」事件，使得美國總統艾森豪決定，在日本群馬縣爆發的刑案——「吉拉德事件」（William S. Girard Case），破例送交日本司法系統審理，最後吉拉德獲判有罪，但以緩刑三年為由離開日本返回美國。美軍有關人員在臺涉及司法案件者，仍不時出現，而不受中華民國司法系統審判現實依舊，因此論者稱「五二四」事件像是一個「安全閥門」，是紓解大家對「一個小

美國」所存在特權的不滿界線。[25]

　　「五二四」事件此一教訓，終究提供中華民國在 1958 年的第十次談判後，正式向美國提出包含法權及賠償條款在內的對案。此後斷續談判，從 1963 年 1 月 7 日起到 1965 年 8 月 31 日間舉行三十九次會談，雙方以司法管轄權及人犯看管權為爭執焦點。[26] 由於美軍在臺涉及案件不時發生，民間及立法院對相關司法管轄權爭取的呼籲，持續出現。美國國務院直到 1964 年尚不認為談判是優先事項，態度消極。但在日本爆發軍人重大刑事案件刺激下，使美國在考量亞洲駐軍軍事利益及兼顧各國觀感之間如何予以平衡後，國務院願意返回談判桌。1965 年初起，協定談判由美國駐華使館代辦高立夫（Ralph N. Clough）為美方主談代表。

　　1965 年 8 月 31 日，《中華民國與美利堅合眾國關於在中華民國之美軍地位協定》由沈昌煥、高利夫在臺北草簽，1966 年 1 月 11 日獲得立法院三讀通過，4 月 12 日正式生效。中華民國對在華犯罪之美軍文職人員、軍文職人員家屬可接受中華民國法權管轄，唯美軍顧問團軍職人員不受限制，但雙方得對美軍顧問團人員協議進行修改。[27] 總體而言，這項協定終究是中華民國司法主權的一項進展。

25　Stephen G. Craft, *American Justice in Taiwan: The 1957 Riots and Cold War Foreign Policy*, pp. 178-180, 193.

26　栗國成，〈1957 年臺北「劉自然事件」及 1965 年〈美軍在華地位協定〉之簽訂〉，頁 33-53。

27　〈美軍在華地位協定 立法院昨三讀通過〉，《中央日報》，1966 年 1 月 12 日，版 1。栗國成，〈1957 年臺北「劉自然事件」及 1965 年〈美軍在華地位協定〉之簽訂〉，頁 54。

1958／冒著「敵人的砲火」前進

王良卿

國立暨南國際大學歷史學系副教授

抗共拒美內外衝突

　　1950 年代中後期，蔣中正與自由派知識分子的關係漸形緊繃，呈現螺旋上升之勢；迄至年代尾聲，隨著總統連任、反對勢力揭竿組黨等重大爭端，終不免攀到朝野衝突的頂點。此外，國民黨自實施改造起，高揚「革命民主」大纛，翻新派系代理結構，重整了執政隊伍，卻仍不易節制國會黨籍代議士的政治異議，時刻引為樞心。1958 年，就是這股朝野對峙／朝朝有隙走勢中的一個關鍵年分。

　　上半年，「行政院長俞鴻鈞彈劾案」餘音猶繞，「出版法修正草案」審議風潮旋踵而至。這些案子一體捲入了行政體系與國會、黨機器與從政黨員，甚至輿論界與知識分子等公共角色，任之互競激越，蔚為連續的滔天政潮。同一期間，蔣中正日記則是難掩煩慮，直將原本應該懍於「反共建國」使命而共持共需的一批黨籍中央民代、自由派知識分子，通通劃為通謀之敵人行列。退一步看，蔣中正的話即便只是忘情奔肆的私密表示，適足以作為黨國內外動態俱烈的一手見證。

　　下半年，「伊拉克革命」、「黎巴嫩危機」相繼發生，強烈衝擊到美國在中東「北層」（Northern Tier）的戰略建構，蔣中正

直斥為蘇共「顛覆」全球的陰謀。未幾，「金門砲戰」爆發，國際社會視為「第二次臺海危機」，情勢危疑震撼，日記又說這是蘇共「挑釁」且夥同中共「清算中華民國」之舉。其實他以上判斷雖非全然符合事實，仍不失為一位反共強人之冷戰敵我觀念的階段性內核展示。尤有進者，美國在砲戰期間積極協助國府防禦，但其決策高層又基於種種設想，公開倡議「金馬撤軍」，令蔣中正悲歎「出乎意料之惡態」，為了「確保外島為我主權與領土地位」，「又須作一番苦鬥」云云。某種角度而言，也算是前線抗共、後方拒美，冒著砲火「兩面作戰」矣。凡此風雲變幻，本年日記詳陳始末。

道不同而難為謀、相為謀

　　經歷了 1949 年「根株浮滄海」的世變，許多自由派知識分子星散於臺灣、港澳與海外。本來，他們同國民黨的關係，「反共」信念容或一致，「諫國」、「憂國」、「厭國」的程度則有深淺之別。韓戰爆發，臺灣編入全球反共協作體系後，政府的反攻受到冷戰結構制約，似非一時可以實現，反而催使自由派將更多目光集中在政府對內的治理表現，針砭愈力，愈是看出他們和蔣中正「革命民主」觀念的偌大距離，既是「難為謀」，也拉高了他們同政府保守階層的緊張關係。

　　1958 開年，臺、港兩地幾篇政論博取了蔣中正的視線。在《文星》，成舍我發表〈「狗年」談「新聞自由」〉，請「世之當國者」以六十年前百日維新「那拉氏的發瘋」為鑑，切勿重蹈廢棄變法、阻絕言路的敗亡道路。在《自由人》，胡秋原發表〈為自由中國朝野進言〉系列，列舉近年國內諸多「嚴重徵

象」，籲請朝野合作「治病自強」，依循憲法、常道，以制「軌外法外之勢利」。左舜生則發表〈為了符合美國人的利益！〉短評，認為美國絕不允許「反攻復國」實行，對臺灣的政治作風倒是「聽之任之」，以致人民「苦悶透頂」，當局「頑強如故」。

蔣中正讀後誌感，認為抹煞了他和政府的威望，「皆為共匪所期望，而彼等又以反共為名，故其作用與影響必比共匪正面宣傳之大過十倍而不止。」（2月1日日記）順著這股情緒，日記也再度透露「反共救國會議」一路延宕，多少是與海外知識分子的民主自由理念不易協同有關。我們也看到蔣把黨外不同政見者比附為1940年代頗為活躍的「中國民主同盟」，這已是1950年代黨國敘事的常見手法了。據此：「政府號召反共的民主與自由，乃是為大陸人民對共匪爭民主、爭自由，而個人的自私作用，自命其為中立主義者之所謂民主與自由，則不僅為政府所鄙視，而且為人民所共棄。」「吾人須負反共革命之責的政府決不為任何名詞，如卅八年以前在大陸時期，共匪之所稱為民主自由的盾牌武器來脅制。」（3月23日日記）

人稱「溫和的自由主義者」、「播種者」胡適，倒是偕同蔣中正走出一條近年被歷史學界評為「道不同而相為謀」的曲徑。這指的是兩人對於民主自由的本質與實踐有著不同的見解，但都把反對共產主義視為個人與國家的志業，據而開展出某種纏繞的依持關係。儘管胡適並不掩藏其「擁蔣反共」的立場，但給蔣中正的諫言未始稍減，恆以合於憲法體制的領導相期；蔣中正衷心認為胡適是癡迷自由主義伊于胡底的迂儒，但仍維持禮賢、周濟的身段，據以襯托政權的正當性，又在國家機器「向毒素思想總攻擊」後未久，仍圈定胡適為中央研究院院長，奉為國子祭酒。

　　可堪注意的是，蔣中正日記提到與胡適的互動，並未吝於留下負評。例如 4 月 10 日，蔣出席中研院院長就職暨院士會議開幕典禮，致詞期勉中央研究院同仁擔負「復興民族文化」的任務，希望今後學術工作能配合「反共抗俄使命」來求其發展。這個「道」，顯然和學術獨立的理念「大不同」。新任院長胡適致詞時，即以委婉的語氣回駁：總統「說話的分量不免過重了一點。我們要體諒他，這是他的熱情所使然。我個人認為，我們學術界和中央研究院挑起反共復國的任務，我們做的工作，還是在學術上，我們要提倡學術。」[1] 蔣日記誌感：「今天實為我平生所遭遇的第二次最大的橫逆之來，第一次乃是民國十五年冬、十六年初，在武漢受鮑爾廷宴會中之侮辱，而今天在中央研究院聽胡適就職典禮中之答辭的侮辱，亦可說是求全之毀，我不知其人之狂妄荒謬至此，真是一個妄人，今後又增我一次交友不易之經驗。」（4 月 10 日日記）

　　這條（以及其他類似）記載，不啻顯示了蔣中正在兩人核心觀念的牴牾下，隱忍留中，而又難能釋懷，只好付諸私領域，縱情宣洩；總的說來，仍是兩人「道不同而相為謀」近於一種複調的、纏繞的內裡經驗的共同組成部分，當然也是蔣中正和自由派知識分子在 1950 年代中後期關係緊繃的又一註腳。近年來，隨著更多關鍵史料的出現，以及數位史學的推波助瀾，學界踴躍投入蔣中正的人際網絡研究，這當中無論是個別人物或是類型群體之於蔣中正，胡適、自由派知識分子都是最受關注的熱點之一。對

1　胡頌平編著，《胡適之先生年譜長編初稿》（臺北：聯經出版，1984），頁 2662、2665。

此，本年蔣日記的敘事，提供了大量的一手訊息，值得識者重視。

「又是面臨時代一次考驗」

　　這時自由派分子和蔣中正的關係劣化，相當程度上，也和他們與國會裡的「體制內異議」同聲一氣有關。國民黨在臺灣實施黨務改造後，嚴密組織，整飭紀律，對黨籍中央民代「不可不爭於黨」的自主言行，尤較大陸時期關切。但在整個 1950 年代，來自國會的角力態勢不僅沒有消失，反而隨著蔣中正以黨紀、黨德進行收栓，以及立法院、監察院內派系各擁己見的激盪下，呈現了日益拔高的態勢。

　　去年底，監察院通過彈劾行政院長俞鴻鈞案，並移送公務員懲戒委員會，這是憲政史上，監察院對國家最高行政首長唯一提出的彈劾案件，也涉及行政、立法、監察三院分立制衡的高度爭議，各方討論踴躍，有以「憲政危機」視之者。1 月，公懲會給予「申誡」處分。不過，俞的聲望既挫，未再久居其位。夏天，政府改組高層人事，俞「呈請辭職」獲准，較有尊嚴的交卸了閣揆的職務。

　　俞案期間，蔣中正自記這是「八年來最大一次之悲痛與失望」（1 月 31 日後「上月反省錄」）（根據陳誠的觀察，蔣中正之情緒確係「到臺灣來以後所沒有」）。[2] 目睹黨政幹部無法「作正面的鬥爭」，尤表灰心。自謂：絕不容許監委「敵對陰謀」得逞，以免「毀滅我反攻復國前途」；又邀集府院黨人士會商，並

2　〈轉達同學的幾件事──對革命實踐研究院通訊輔導部輔導委員講〉，《陳誠副總統文物》，國史館：008-010102-00028-002。

以總裁身分，公開要求全體黨籍監委「忍讓為國，團結合作」；再約見司法院副院長兼公懲會委員長謝冠生，「決心依法申戒，早了此案」，從而預設了公懲會的處分走向。

　　一個多月後，行政院密送「出版法修正草案」至立法院，再起滔天政潮。整個 1950 年代，《出版法》經過兩次修正（1952 年、1958 年），連同動員戡亂、戒嚴體制的諸多法令，迭加收縮了憲法明定基本人權的空間。這項草案在黨政部門前此三年多的研擬過程裡，從未得到黨籍立委的一致支持，爭論極凶，根本癥結在於它在登記主義的既有基礎上，大幅擴張了行政部門的處分權力，強化對於業者和言論自由的限制。因此，草案自本年 4 月交付立法院相關委員會審查，直到 6 月全院祕密會議完成三讀程序的期間內，經歷了民營業者的聯合請願、連篇累牘的報導與評論、自由派知識分子的猛烈抨擊，以及一眾反對到底的立委抵制。

　　我們注意到，這段期間也是胡適回到臺灣領導中央研究院的時候。一開始，胡適就把修正之舉視為「危險的」，他對民營報界的抗爭公開表達「欣慰」和「敬佩」之意，並重申：新聞、言論自由不是天賦的人權，而要爭取得來。他也曾和陳誠、蔣經國談過，表達對於總統連任傳聞的疑慮，也覺得草案一事並不聰明。及至審議風潮的尾聲，仍試圖挽回形勢，藉由會見總統府祕書長張羣的機會，力促顧及國際觀瞻，應即撤回草案，至於蔣的角色，「不應該出來，絕對不可出來」。[3]

3　《聯合報》，1958 年 4 月 18 日，版 1；《中央日報》，1958 年 4 月 19 日，版 1。
　　雷震，《雷震日記：第一個十年（七）》（臺北：桂冠圖書，1990），1958
　　年 5 月 29 日、6 月 2 日，頁 298、301。《雷震日記：第一個十年（七）》，
　　1958 年 6 月 15 日，頁 310。

　　這又是一個「道」不可以道里計的「大不同」。蔣中正透露，修這個法是自己的長期主張，但並未預聞送入立院的時間點，也不以這個時機為然；不過案子掀起軒然大波後，他站在維護黨政威信的立場，仍表達絕無可能緩議或撤回的態度。至於胡適多次談話，也令他感受不佳，認為是替黨籍立委、反動派、民營報人「助長氣焰」。事實上，遍覽日記，這還不是意氣最盛的句子。草案三讀通過翌日，他曾說這場政潮是「黨內外反動份子大聯合運動」（6月21日日記）。

　　暫時撇開這些，下列表述，不見慍恚，似乎最能體現這位黨國強人的核心思慮：「甲、寧負限制出版自由之惡評，決不放棄我對大陸億萬同胞、解救其奴役與恢復其全體自由之責任。乙、臺灣今日環境為共匪滲透（間諜）與暴力兼用並施之戰時戰地，若不能修正今日之出版法，就不能確保此惟一基地之安定，而且社會秩序日壞，匪諜謠諑頻興，更不能保障地方與人民之安寧。丙、凡正當之輿論與出刊一如過去之方針，決不削弱其已往自由程序之權利。」（4月20日日記）

　　本年初，蔣中正因俞案而向全黨發出「本黨又是面臨時代一次考驗」的信號時，其實已在尋思肅清「革命隊伍」。他開始思考「重新改造」國民黨的途徑，又指示黨中央研議「中央從政黨員重新登記」辦法，實際上就是要求黨籍立法委員、監察委員，提供服從的保證。雖然這個想法因為「出版法修正草案」引發政潮而擱置進度，接著又因為夏天的金門砲戰，以及黨籍立法委員、監察委員的猜慮，直到1962年「黨員總登記」才付諸實施，不過總體看來，俞案、「出版法修正草案」激起的風潮居於其間，確實是蔣中正、國民黨中央和立、監兩院關係變動的重要

關鍵。

冷戰的角色與能動性

1950 年代中期，隨著中共「和平共處五項原則」與赫魯雪夫（Nikita Khrushchev）新路線的出現，相當程度上緩和了美蘇兩強的對立關係，也激勵了亞洲一些反共國家採取彈性思維，與共黨集團擴大接觸。這類行止當然牴觸了蔣中正的反共信念。以日本為例，雖然已與我國恢復邦交關係，卻是立基在前首相吉田茂的「兩個中國」軌道設想下而曖昧運行著，民間憧憬大陸市場尤不待言，甚至被賦予了以「民」促「官」的楔子想像。3 月，《中日第四次民間貿易協定》在北京簽訂，蔣中正自記：「今日財閥明知共匪要赤化日本、消滅日本，而竟與之貿易，不恤奉送其國家生命而訂立此種貿易契約，其比軍閥更愚，實不可諒也。」（4 月 1 日日記）對於該協定之備忘錄同意中共商務代表機構，得在東京「懸掛本國國旗」的條文尤表愕然，一時躍為國府向日方抗議、交涉的重點。

值得注意的是，國際冷戰的嶄新走勢，除了牴觸前述蔣中正這位反共強人的基本信念，更十足悖逆了他一貫將「反共復國」前景掛勾在「東西世界二元對抗」之上的戰略清晰邏輯，因此除了一再示警，敦促華府明察美國領導自由世界不可逃避的責任之外，不免也增強了他自己對於東亞地緣政治當中，臺灣可以扮演某種樞紐角色的主觀評估。據此，蔣中正對東南亞各地積極展開反共意識形態及其經驗的輸出，甚至透過軍備密援、人員派遣，介入當地的軍事對抗。日記多次提到的印尼內戰動態和蔣中正的思慮應對，就是最為鮮明的一個例子。

　　印尼獨立後，總統蘇卡諾（Sukarno）實行獨立自主政策，言行左傾，作風專斷，不僅被美國引為地緣戰略下的可憂因子，更疊高了雅加達和地方離心主義的對立。2月，外島軍系勢力獲得美國中情局祕密支持，宣布成立「印尼革命政府」，爆發內戰，然進程未見順利。蔣中正則將這場內戰和冷戰東亞地緣政治，特別是臺海形勢給予脣齒相依的連結，不只加強了以往就已暗中軍援反對派勢力的力道，甚至動念派遣志願軍介入印尼局勢。他在3月14日與美國國務卿杜勒斯（John F. Dulles）的對談中，主動表達了這項想法，然未得支持。[4] 翌月自記：「印尼蘇門答臘革命軍首都『巴東』已於十八日失陷，此乃俄共對美鬥爭之又一大勝利，如美不想設法挽救革命局勢，則太平洋與印度洋之心臟又為俄掌握，不僅亞洲反共形勢與心理將蒙不可估計之損失，而美自身在太平洋之生命線亦必斬絕，此印尼赤化對世界前途之影響，實不亞於我大陸也，美國政治之無識，可痛盍極。」（4月30日後「上月反省錄」）

　　杜勒斯提醒蔣中正，任何干涉印尼內政的「明顯企圖」，只會適得其反，不過蔣中正顯然另作它想。日記一度透露了這位領導人擬以參戰「引誘共匪侵臺」，俾便解除《中美共同防禦條約》的束縛，創造「我反攻開始之契機」的浮想（3月29日後「上星期反省錄」）。後來印尼政府提出我國接濟叛軍的事證，而當地朝野相信美國人介入了印尼內政的印象卻也與日俱增。其

4　「總統與美國務卿杜勒斯談話紀錄」，〈外交—蔣中正接見美方代表談話紀錄（二十一）〉，《蔣經國總統文物》，國史館：005-010205-00083-001。
並見「總統與莊萊德談話要點」，〈外交—蔣中正接見美方代表談話紀錄（二十二）〉，《蔣經國總統文物》，國史館：005-010205-00084-008。

結果，不僅使印尼衍生了獨立以後規模最大的排華風潮，更讓美方在中情局飛行員波普（Allen L. Pope，受僱於臺灣的民航空運公司）遭擊落被俘以後而備感難堪，只好放棄暗中支持叛軍的兩面手法。這讓蔣中正覺得美方又犯了拋棄難友的老毛病，自記：「印尼革命形勢險惡已極，美國見其危急反而丟手不顧，殊為最無信義之舊習，余不能不提出其警告，指明其歷史之責任難逃，希望其同意我出面援助革命，挽救印尼赤化之危局。」（5月24日後「上星期反省錄」）

6月初，臺北方面的國防部為貫徹蔣中正的個人意志，提出「南海計畫」，旨在透過軍備援助、攔擊中共、登陸作戰等途徑，協助「印尼革命軍」推翻蘇卡諾。這說明了冷戰時期的所謂「輸出革命」，也可以是政府「以反共之名」的選項，而非國際共黨乃至中共的專利。儘管蔣中正的構想並未完全獲得其黨政軍幹部的衷心肯認，也受制於本身能力及美方態度，僅能執行極為有限的層面，無從改變該月底印尼政府軍攻占萬鴉老而結束內戰的事實，不過日記和相關檔案的敘事，仍足以揭示蔣中正和政府在東亞冷戰形勢下的若干角色及能動性，當能刷新讀者耳目。

中東地區則是冷戰強權競逐與非殖民化話語纏繞的又一重要場域，蔣中正同樣保持高度關注，對於動見觀瞻的埃及總統納瑟（Gamal Abdel Nasser）尤其措意。自從納瑟掌握埃及權柄後，即悉力貫徹泛阿拉伯主義的理念，爭取與國，致力排除英、法、美在中東與北非的影響，並推行企業國有化、土地改革等社會主義措施，諸多立場都和沙烏地阿拉伯、伊拉克、約旦等保守的君主制國家相乖。這些王室都是國府的反共盟友，也和美國維持著緊密的軍事合作關係；伊拉克甚至替美國在《巴格達公約》

（Baghdad Pact）裡面，扮演重要的區域代理人角色。

1956 年「蘇伊士運河危機」後，中東的泛阿拉伯情緒格外獲得鼓舞，納瑟的聲望和影響力隨之水漲船高，也讓蘇聯在埃及、敘利亞的影響力不斷增強。在此情勢下，人們將 1957 年發表的「艾森豪主義」（Eisenhower Doctrine）視為美國的積極回應，它承諾提供經濟和軍事援助，並在必要時使用武力遏制共黨勢力在中東地區的發展。這項政策性態度有其指標作用，特別在本年 7 月「伊拉克革命」將伊國自英、美的帝國關係中解放出來，進而將燎原星火延燒到黎巴嫩後，艾森豪批准美軍行動，占領了貝魯特，以抵抗黎國內部反對派和來自埃及、敘利亞的威脅。對此，蔣中正推斷：「俄雖承認伊拉克叛軍，並指美為侵略中東，要求其撤退入黎美軍，但余料其仍不敢正式與美衝突作戰耳。」（7 月 16 日日記）「在世界大勢言，本周又是人類禍福之重要關鍵也。」（7 月 19 日後「上星期反省錄」）

3 月 14 日，蔣中正與杜勒斯商談印尼問題時，曾當面提出警語，指出「整個亞洲的局面，充滿弱點，前途殊難樂觀」。他認為「日本業已走上加入中立陣營的道路」，包括印尼在內的整個東南亞，也「都是紛爭迭起，任何事件都能爆發於旦夕之間」。[5] 日記顯示，蔣對東亞以及中東局勢連動臺海形勢都有認識，主觀上，則認為這些都是蘇共「赤化全球」戰略的組成部分，也認為美國應該承擔遏阻的責任。不過，我們透過蔣中正日記多年記述早已認識到，即便他的反共信念和美方一致，但各自實際利害所驅策出的行動樣貌，往往未必若合符節，這讓他多所

5 「總統與美國務卿杜勒斯談話紀錄」。

「願望」之餘，例必夾帶「怨望」。例如伊拉克革命雖然損害了
華府在中東的地位，但英、美很快就承認了伊國的親蘇新政權，
以示羈縻。據此，蔣中正不免懷疑「中東阿拉伯民族問題」就要
由納瑟大一統了（8 月 2 日後「上星期反省錄」）。至於 8 月爆
發的金門砲戰，又是另一個典型的例證。

在「八月砲火」中確保外島

　　1957 年 11 月毛澤東訪問蘇聯，臺北方面懷疑他和莫斯科已
經達成協議，預備本年夏天進攻臺灣。及至本年 3 月，中國人民
志願軍總部宣布，年底前全數撤離朝鮮，蔣中正合併前情判斷，
認為中共進行戰略轉移，可能將在夏季的臺海、越南或亞洲某
處，做出某種軍事上的冒險。接著又對 7 月、8 月初赫魯雪夫訪
問北京一事，連同中國大陸境內軍事部署與政情合觀，斷定毛澤
東要進犯金門、馬祖，以脅制美國退出臺海，至於是否進一步攻
臺，則猶未可知。

　　蔣中正並不清楚毛澤東與赫魯雪夫兩人因為軍事合作的主
權問題產生了極大嫌隙，所稱外島緊張形勢裡的「中蘇共謀」成
分其實也不存在，但金門隨後爆發的臺海版「八月砲火」（借 *The
Guns of August* 書名），極大程度反映的，當然還是全球冷戰東西
對抗下的因果邏輯。特別是 7 月，伊拉克親美政府遭到軍事政變
推翻，新政權具有泛阿拉伯主義傾向，也改採親蘇路線，更凸顯
了中東之於東西方集團爭奪的戰略意義。在黎巴嫩，反對夏蒙
（Camille Chamoun）親美政府的武裝勢力，也因伊國政變而更
獲鼓舞，聲勢高漲，終於招致美國出兵干涉。在東亞這邊，毛澤
東則藉「堅決支持阿拉伯人民的鬥爭」鼓弄國內民眾的反美情

緒，又基於牽制美國的中東軍事行動、以「整家法」試探美國的臺海政策、抬高「大躍進」動員的熱情⋯⋯等多種設想，針對金門發動了大規模砲擊。

　　8 月 23 日爆發的砲戰，如毛澤東所言，考驗著美國防禦臺海的範圍「是否把這兩個包袱（金門、馬祖）也揹上」的態度。事實上，美國立即恢復了與中國的「大使級會談」，期望透過協商，解決危機；對臺灣則提供軍備增援、協護運補，包括從沖繩緊急調撥八吋榴彈砲轉運金門，也抽調勝利女神力士飛彈及其人員裝備駐臺，助使我國軍事邁入「飛彈時代」。然而美方並不同意蔣中正的「主動防禦」提議，諸如出動空軍攻擊對岸共軍砲位、截斷交通線⋯⋯等，使蔣中正至為不滿。同一期間，美國國務卿杜勒斯又站在美方所設想的戰略、政略制高點上，公開主張金馬撤軍；蔣中正峻拒之，除接見美聯社記者慕沙（Spencer Moosa）申明立場外，再見駐華大使莊萊德（Everett F. Drumright），「對美國政府數日來言行，其於我金門沐血將士心理上打擊之重大，無異為『先宣判死刑，而後再定期執行』之情景，而發以杜勒斯聲言『待可靠停火安排以後撤退防軍，否則實為不智』之語，而加以嚴正指出其愚昧也，語畢即先退，讓辭修等予以周旋。」（10 月 3 日日記）

　　再評：「此為最不公平、不道德之言行。」（10 月 4 日日記）

　　其實 1950 年，蔣中正一度考慮自金門及福建沿海其他島嶼撤軍，但很快就確認了這些島嶼的軍事價值，及替政府在臺灣一地繼續保有中國主權的宣稱，所能提供的連結效果。此後，「保衛金馬」成了統治下最為響亮的愛國、動員口號之一。杜勒斯的金馬問題發言，當然激化了美方同蔣中正之間，攸關根本的矛盾

關係，根本無助於消弭危機。據此，10 月 21 日至 23 日，杜勒斯為穩定臺海情勢訪臺，共同發表《中美聯合公報》：一方面滿足蔣中正，承認當前金馬與臺澎防衛密切相關，而且「確認中華民國為自由的中國之真正代表，並為億萬中國人民之希望與意願之真正代表」；一方面則換取政府首次宣稱，「實行三民主義」是「恢復大陸人民之自由」此一使命的主要途徑，"not the use of force"（中文本：「而非憑藉武力」）。

聯合公報發表後，國際輿論認為國府以三民主義瓜代武力的表述，形同兩岸「軍事對抗」朝向「政治對峙」新一階段過渡的信號，將是「反攻大陸」政策的重大變化。其實，它承接了「三分軍事，七分政治」（1930 年代著名的剿共指導原則）的精神內核，並非天外飛入；但無庸諱言，文句的表述方式仍是新鮮的，英文本 "not the use of force" 一語，尤其讓政府的忠實追隨者感到疑惑不安。蔣中正當然知道它可能形成的反作用力，日記再三敘及，指出原稿「不憑藉」變為英文的「不使用」（兩者仍有語意之別），完全是譯者葉公超私作主張，沒能讓他及時察覺，「但木已成舟，對之亦無可奈何，惟有忍之，須知其為何如人也。」（10 月 24 日日記）

回望歷史，「金馬」與「臺澎」的政治臍帶，最早是建立在國共內戰、分治的脈絡上，隨即又和國際冷戰形勢掛鉤，共同纏繞出更多複雜的樣貌。其中，「金馬撤軍」就是從冷戰東亞地緣政治當中派生的政治性提案，而蔣中正悍然否決之，早早維持了「臺澎／金馬」這個「偶然的共同體」的框界。砲戰尾聲，蔣中正回顧聯合公報的協商過程，頗見欣慰：「余最初方針，只在確保外島為我主權與領土地位決不能作任何之讓步一點，最後公報

亦終得達成此一目的。」（10 月 31 日後「上月反省錄」）

　　此後，「823」一直作為「臺澎金馬」軍民同心保家衛國的表證，形塑、連結了共同體的成員情感與集體記憶。必須承認，這種親密面向的強調，同時也是建立在另一「斷裂」面向的認知抑制上頭。近年來，各界關注當代「金馬」與「臺澎」的「多重斷裂與連結」關係，產出的田野觀察與學術論述甚多，肌理交錯，或別具一格，或發人深省。讀「我們的」歷史，通古今之變，值得讀者深入體察。

1959／在歷史關鍵時刻降臨之前

王良卿

國立暨南國際大學歷史學系副教授

1959 的獨特承轉意義

　　學術研究存在著一種「亞類型」，有些學者關注自己格外有感的一個歷史年分，做研究，也給它拿捏一個歷史定位。姑且，我們名之「年分史」。既然有感，多半覺得這個年分非常關鍵，否則研究價值無從說起。即便學者黃仁宇的名作《萬曆十五年》，英文書名說是「無甚緊要的一年」（*1587: A Year of No Significance*）；美國周錫瑞（Joseph W. Esherick）等學者筆下的《1943：中國在十字路口》（*1943: China at the Crossroads*），也說了這一年看似平凡。其實兩本書讀下來的感受，作者還是要跟我們闡明 1587、1943 這兩年一旦投身歷史長河中，聯繫因果而發散的獨特承轉意義。

　　經歷了「冒著『敵人的砲火』前進」的一年，相較之下，蔣中正的 1959，未必贏得歷史的更多聲量，卻是中央政府遷到臺灣這十年間，具有高度政治意味的又一重要年分。蔣中正的第二任總統任期將在明年屆滿，不過作為最高當局的濃馥使命感，以及「革命民主」觀念的堅不可摧，持續將他繫留在「局內」，所謂「三連任」的傳聞不絕，既考驗蔣與自由派知識分子近來冰炭不洽的關係，也在「革命民主」與憲政理想的頡頏當中，即將高度考驗又一個歷史關鍵時刻的降臨。

另一方面，國際冷戰來到 1959 年，正逢美蘇高層互訪的「廚房辯論」（Kitchen Debate）以及好萊塢名流午餐的時刻，讓人暫時有了舒緩的感受，但去年震動全球的「第二次柏林危機」猶在協商交涉，東西陣營對抗仍處在「外弛內張」的不確定狀態。一整年，蔣中正依舊提示幹部，戮力建構其反攻大陸的軍事計畫（本年以中國西南邊區為起點的「武漢計畫」作為代表），彷彿只是紙上談兵，帶上周邊條件的初期促動。但根據蔣中正在本年拉薩事件中的決勝想像、中共對蘇關係及內部統治的動態變化，都讓他相信這項重返大陸的軍事構想具有合理、可行性。

擁蔣反共乎，民主反共乎

1950 年代，政府持續宣稱將召開一場「反共救國會議」，藉以聯合海內外的反共非共力量（尤其注意爭取海外第三勢力），在「尊重中華民國憲法之原則」下，「建立反共救國聯合戰線」。這項構想有其政治高度，等於是替「後 1949」的華人「離散政治」（diaspora politics），設下「擁蔣反共」的基調，當然含有強化政府統治正當性的意思。但在臺灣，黨國統制的力道愈見加強之勢，與海內外自由派知識分子以「民主反共」的期待愈發相乖，不免擴大了彼此信念、作為的鴻溝，也衝擊了原本要以這場會議為核心所鋪造的朝野互動秩序。

其實，早在陳誠的首次行政院長任內，就已啟動過「反共救國會議」的籌備工作。1958 年，陳誠以副總統之尊位再兼閣揆，又具有國民黨副總裁身分，復與新任中央研究院院長胡適等知識界領袖相得，聲望日隆之際，又有重拾籌備會議之念。不過，近來蔣中正與自由派知識分子的關係陷入緊張，對於召集這

項會議的態度已經轉為保守審慎；默察陳誠的廣泛交游，尤其令蔣抑鬱不能自解。

即便蔣中正、陳誠具有緊密的政治依存關係，也保持總體意義的信賴／服從，但日記中不時流露的私密情緒仍是未稍假借的，本年 1 月底：「辭修不知大體、好弄手段，又為政客策士們所包圍利用，而彼自以為是政治家風度，且以〔與〕反對本黨、侮辱首領的無恥之徒、反動敵人胡適密商政策，自願受其控制之言行放肆，無所顧忌，不勝鬱悶，無法自遣。」（1 月 29 日日記）又說：「應以教導與感化之方法出之，而不應取斥責嚴教之方式，以冀其能反省自覺，成全其始終。」（1 月 30 日日記）

蔣中正提到的「包圍」，最近一例的觀察，當指陳誠在一兩週前的中南部視察之旅，約請胡適、蔣夢麟（中國農村復興聯合委員會主任委員）、王世杰（行政院政務委員）、梅貽琦（教育部部長）同行，為期六天（最後一天還是陳的壽辰）。所謂「密商政策」，似乎包括「毀黨救國」的意見交換在內，據陳誠旅次自記：「適之復提『廢黨救國』，余等予以解釋實際情形後，想胡或能了解，而不再提此一問題也。」[1] 這樣看來，蔣中正說陳誠「自願」接受胡適的「控制」云云，未免枉屈；不過另一方面，蔣中正對陳誠聽取各方建議，重新燃起召開「反共救國會議」的豪情一事，同樣視為某種被包圍，乃至脅從之舉，自記：「辭修面報其擬召開國是會議之意見，乃為政客反動輿論所威脅，是其不諒後果為何如，故不予同意。」（4 月 14 日日記）

---

1 陳誠，《陳誠先生日記（二）》（臺北：國史館，2015），1959 年 1 月 18 日，頁 1004。

　　這時，蔣中正與自由派知識分子，以及陳誠之間，關係之張弛，顯然帶了些三角連動的況味。張弛之所由，相當程度上，也和明年第三任總統選舉的問題有關。日記顯示，兩年來，是否、如何再次尋求連任，常是蔣中正反覆考慮的一道難題，各方意見互競互爭，更考驗當局維護憲法的決心。一直以來，胡適作為「道不同而相為謀」的實踐者，雖然力持「擁蔣」立場，總以合乎憲法體制的領導相期，面對「三連任」的傳聞，始終不敢苟同，甚至透過各種機會，力促蔣中正廓清空氣，宣示不再連任的態度；但對於陳誠，則推許他別具領袖智慧，「有做總統的資格」。[2] 前面提到的陳誠中南部視察之旅，有好事者月旦胡適眾人，說是「商山四皓」，正好挑動了三角連動的神經，綜合蔣中正的「包圍」之說，益見局中人的處境。

一個「三連任」，多少差異與縫隙

　　關於蔣中正的個人思慮，年來的日記最能傳遞一手訊息。蔣明白明年的總統選舉攸關國府對於憲政宏規的宣稱，但他也將自己的「革命民主」抬到一個保衛憲政理想的信仰高度，甚至幾乎與之平行的獨特地位，暗懟胡適等人狃於書生之見，無視反共復國的現實需要。只是，革命與憲政理念的交疊，一旦面對三連任合憲與否的檢視，仍是纏繞心智，讓他的思考多有瞻顧，充斥著流動的色彩。

　　行憲以來，蔣中正一直將憲法全體視為政權法統之所繫，

2　胡適著，曹伯言整理，《胡適日記全集》（臺北：聯經出版，2004），第 9 冊，1958 年 12 月 25 日，頁 371。

始終排拒國大代表各色動機下的修憲要求。據此，即令他有「斯人不出，如蒼生何」之想，當然也不便透過修憲解套。其實，從訓政到憲政初肇的經驗看，蔣非常清楚自己「以黨魁職責」，或者承當某種「革命領袖」的角色時（而非國家元首的名義），著實未必減損自己的制高領導權威，他去年底 12 月 2 日的日記，和 12 月 27 日後的「上星期反省錄」，就如實反映了這種認知。

　　本年 5 月，他又記：「余只考慮如何能安定軍心完成反攻復國使命，而決不將如何選舉總統問題在心也，故總統決不願再任，而統帥則不能不任。無論為拯救同胞與領導同袍雪恥復國，皆不能逃避其責任耳。……與岳軍談國代大會職權與決辭總統，而至不得已時，可由國大推選余為三軍統帥，專負反攻復國之全責，此乃今日研究之結論也。」（5 月 1 日日記）

　　這是想將憲法所揭總統統帥權進行移轉的意思，同時蔣中正似也打算透過《動員戡亂時期臨時條款》的增修，繞過「修憲」的禁區，曲線實現這番設想。只是十一年前的臨時條款，仍要透過憲法第一七四條明定的國代「修憲程序」始能啟動，權變則權變矣。但是眼下在臺灣，國代人數已經不能構到同一程序所要求的國代總額三分之二出席門檻了。困局如斯，不過蔣的思緒也未必已經定於一，例如 5 月稍後，在國民黨八屆二中全會致詞稱，如果軍民感到惶惑，「為安定黨國前途與軍民心理計」，「則亦可不辭」（5 月 18 日日記）。這句「不辭」，可以聯繫一個多月後蔣主持一般會談時的談話略窺端倪，當時討論憲法與總統選舉問題，蔣中正做結論：「如必要余為繼續任總統，則國大只有不舉行選舉，乃以決議方式第二任總統任期延長至何時為止之一道，否則國大選舉余為第三任，乃為國大違憲，如余接受其第三

任總統亦為違憲，此余所決不能接受者也。」（6月30日日記）

10月下旬，合眾國際社自臺北發出報導，引用匿名高層消息來源，指出蔣中正的連任幾乎已成定局，至於具體方法，則將等待他的指示。這產生了不小的震動效果。胡適日記顯示，胡適在這段日子積極聯繫府方，盼能面見總統，做最後諫陳的努力；至於蔣中正日記則透露，他先是婉拒接見，實則情緒為之牽動，直讓自己的「革命民主」理念愈發激揚，再無瞻顧。

蔣中正說胡適：「此人最不自知，故亦最不自量，必欲以其不知政治而又反對革命之學者身分，滿心想來操縱革命政治，危險極矣。彼之所以必欲我不再任總統之用意完全在此，更非真有愛於辭修也。因之余乃不能不下決心，而更不忍固辭也。以若輩用心不正，國事如果操縱在其手，則必斷送國脈矣。」（11月28日後「上星期反省錄」）

不難看出，這時蔣中正對於連任的考慮，又嵌入他與自由派、陳誠的連動背景。翌年，蔣中正透過大法官會議解釋，國代總額「在當前情形，應以依法選出而能應召集會」之人數為計算標準，成功跨越了國大修改臨時條款的程序門檻，得以連選連任之。就任第三任總統不久，與陳誠談話，預行托付今後國家重任，陳推謝不迭，甚至說出「常感如能死在總統以前是幸福」以明志，陳日記再誌感：「此次談話，深感總統對於余之期望似甚切，但對余之疑慮實太深，如提及前年與胡適之、王雪艇、蔣夢麟、梅貽琦等出遊，渠所以決心連任第三任總統，因此等政〔治〕只有渠可以對付，並說我有組織等等。」[3] 看來，蔣中正

3　陳誠，《陳誠先生日記（二）》，1960 年 7 月 21 日，頁 1247。〔治〕，

有自信，也有憂慮，一個「三連任」，引出多少「咨爾多士，為民前鋒」的理念差異與人際縫隙。

在拉薩事件中的決勝想像

去年 11 月，蘇聯強硬要求美、英、法三國軍隊自西柏林撤出，導致「第二次柏林危機」爆發；對此突變，蔣中正有所掌握，認為是金門砲戰後，「又一新的冷戰之開始」（1958 年 11 月 30 日後「上月反省錄」）。本年，蔣對西柏林問題的國際協商進程，繼續保持關注，日記評論頗多，仍相信西柏林、金馬兩處，業已成為美蘇冷戰焦點，將是可能引爆全球衝突的兩條導火線。此外，西藏自拉薩事件後，既被中共整編進入中國民族主義和社會主義改革的現實圈，其命運甚至也被國際強權拉到了冷戰反共的前沿，當然也格外牽動了蔣中正與政府的視線。

中共自 1951 年「和平解放」西藏，成功宣示中央主權後，儘管承諾當地人民有實施民族區域自治的權利、尊重現行政治制度和宗教風俗，但是結構上的各種分歧根本無解，衝突迭起。本年 3 月，藏民掀起大規模抗爭，和解放軍衍成武裝衝突，拉薩尤為激烈。經此事變，第十四世達賴喇嘛偕同部分噶廈官員流亡印度，成立西藏流亡政府；中共武裝鎮壓動亂後，則是廢止原「十七條協議」，並以「在西藏全境進行民主改革」為名，將土地改革運動擴展到原噶廈控制區。

政府將藏區問題視為整體敵後工作的一環，曾經接觸達賴兄長嘉樂頓珠、聯絡當地反共游擊勢力，並就日漸高漲的抗暴運

應補正為〔客〕。

動，與華府軍情部門建立聯繫。本年拉薩事起，蔣中正認為「將
導發我反攻復國之機運」，開始思考政府所能扮演的角色，起初
有以美械援藏之想，又在日記與〈告西藏同胞書〉聲稱，打算與
藏人會師，俟「反共革命成功後，達成其民族自決願望」。只是
達賴的回應非常冷淡，而且蔣中正與美方交涉協商援藏合作，也
沒有得到積極回應，自記：「其必欲獨佔西藏，不容我預問之心
理，已如見其肺肝。」（3 月 31 日後「上月反省錄」）

　　這時，蔣中正仍相信這股被定調為「西藏抗暴」的遠方洪
流，有機會成為其反攻行動中的楔子角色，他說：「拉薩已被共
匪摧毀與控制，但達賴已於月杪脫險入印，而全藏各地以及青、
康二省反共形勢普及，決非共匪所能壓制。此一新的反共情勢之
發展，應如何切實掌握而不使放過，是為今日存亡成敗之最大關
鍵也。」（3 月 31 日後「上月反省錄」）

　　但是很快的，藉由美國中央情報局臺北站站長克萊恩（Ray
S. Cline）面告，蔣中正證實了稍早對於美方單獨援藏、拒絕臺
北參預的判斷，歎曰：「今後達賴在印，而對我國革命再不能發
生作用，美國甚望包攬達賴獨佔西藏之態度，更為幼稚可鄙。從
此援藏反共以及我發動軍事反攻，惟有自力進行，對美默認反攻
之想念可以根本斷絕矣。」（4 月 11 日後「上星期反省錄」）

　　值得注意的是，1950 年代是西藏問題產生「冷戰轉向」的
關鍵年代，從本年的拉薩事件後，美國尤其致力推動西藏問題的
國際化，以作為打擊共產主義的又一「冷戰武器」，不免又強烈
衝擊了國府對於國家主權的聲稱，蔚為此後影響對美關係、對流
亡藏人、對聯合國工作的又一潛流。對於這頁演變過程中的關鍵
轉折，日記呈現了蔣中正的個人思慮，及其難以脫卸的國家視

1959 ／ 在歷史關鍵時刻降臨之前　　69

角，值得正視。

「螟蛉」觀點下的中共動態

　　兩年來，中共對蘇聯關係、對內統治均有變化。起初，蔣中正費力摸索其間奧祕，頗感隔膜；及至本年，則已累積不少判斷，雖然未必皆中情節，仍能蠡測若干大勢，進而尋思國府借勢重返大陸的可能性。例如年初，日記中對人民公社、大躍進猶未敢斷定成效，但已傾向給予負面評價，加上中蘇共關係似乎生變，「黑毛鬥爭已起」，激勵了蔣中正「自主反攻」的想法盈紙，曾引林肯南北戰爭解放黑奴為人道之想，打算借為對美折衝的辭令，又設想以「反攻不越過黃河」為底線，擬為羈縻克里姆林宮之道。甚至，又尋問「美俄戰爭是否能在三年內發生」，無非又是在冷戰中「期待大戰」，借勢使力，以求匡復的思維再現。

　　這時中蘇共關係生異，相當程度也是毛澤東與赫魯雪夫（Nikita Khrushchev）二人關係的裂變。赫魯雪夫上臺後，推動「和平共處」路線，以及「去史達林化」、國內「解凍」（Khrushchev Thaw），有人批評是向西方帝國主義示弱、對正統共產主義棄守；去年，蘇方希望與中共共建長波電臺和聯合艦隊而引發了國家主權爭執，不啻更是擴大兩造嫌隙，激化毛澤東不願向「老子黨」臣服的關鍵轉折。不過，對此整體走勢，蔣中正的情資尚不足以令他得到如同後世學者那樣的全盤理解，只能持續研判中蘇關係矛盾的種種跡象，過高估計了莫斯科左右中共內部動態的能力，包括毛澤東不做國家主席、彭德懷去職，懷疑都有蘇共操作的痕跡。

　　1958 年 12 月，中共八屆六中全會根據毛澤東的意願，作出

「同意毛澤東同志提出的關於他不作下屆中華人民共和國主席候選人的建議的決定」。然而蔣中正聞悉後，判斷原因是：「甲、俄共反對毛酋言行，不支持其金門軍事計畫及不滿其公社制度，超越俄共理論與違反其政策也。乙、黨內因俄共反毛而引起矛盾與對毛減低信仰。丙、人民公社制度無法繼續實施，不能再用暴力強制人民服從。」（1958 年 12 月 15 日日記）換言之，他認為毛澤東的統御權威下滑，雖然部分是因為人民公社等政策導致的聲望受損，但是居於最最制高地位的原因，就是蘇方「反毛」。到了本年劉少奇當選國家主席後，日記中又臆測赫魯雪夫對於人民公社的種種批評言論，是要間接攻擊毛澤東，企圖建立劉少奇的權力，又說「毛匪倒臺受俄決定無疑」（7 月 24 日日記）。無須諱言，上述推斷，當然不盡準確。

日記對「盧山會議」及「反右傾運動」的觀察又是一例。9 月 17 日，始知彭德懷、黃克誠去職消息。翌日與國家安全局局長鄭介民研討，認為兩人之遭黜，「是俄共指使劉少奇所為，以削除毛酋軍權也」（9 月 18 日日記）。這和之前評估劉少奇之上臺將成為蘇方禁臠同一理路，同樣失準，但所稱「此乃共匪內部分裂之開始」云云，仍非全然無稽，終究成為蔣中正構築反攻願景的參照框架。它有助於我們認識，同一期間，何以蔣中正飭令規劃的反攻作業依然積極不輟；而下一個十年，當全球冷戰逐漸轉入「低盪」（Détente）階段後，甚至祕密接觸蘇方，開展以「反毛」為共同目標的討論，顯然先前存在著某些值得聯繫考掘的脈絡訊息。

下半年，蔣中正繼續關注、解讀中蘇高層關係，對於赫魯雪夫接連訪問美國、中國，尤其列為記錄重點。赫魯雪夫訪美之

行，係應美國總統艾森豪（Dwight D. Eisenhower）的邀請，不只當下即已博取全球目光，也是列入冷戰史冊的標誌性事件，但是美蘇兩強關係和緩，蔣中正卻持有戒懼心理，無非是憂慮臺海形勢因此顛倒，國家利益有受損之虞。例如 8 月，對艾森豪發表與「黑魔」互訪的消息，評曰：「何其愚拙至此。此為最無骨格之行為也。」（8 月 8 日後「上星期反省錄」）又擔心美國放棄金馬，以換取西柏林三十個月的安定，要求幹部預謀防制。又說中共希望赫魯雪夫在美協助推動加入聯合國、歸併臺灣、解放金馬等願望，「如一無所得……則必對俄失望」云云（9 月 30 日後「上月反省錄」）。

整體看來，蔣中正依舊認為中共接受蘇共卵翼，仍是《蘇俄在中國》所稱「蘇俄共產帝國的螟蛉」的定位；雖然察覺中蘇關係有異，但主要還是侷限在毛赫二人的矛盾；他相信，諸「螟蛉子」也已聽令，拉下了毛的權威地位。然而究其實際，毛「退居二線」後，仍握有黨的中央委員會主席、中央軍事委員會主席等職務，權柄未散，曠日引久，這讓蔣早前對於毛北辰失墜的論斷，開始轉為保留。

例如 9 月至 10 月，蔣中正逐一審視赫魯雪夫訪問中國期間的言行與活動，仍要費力追索毛澤東保有權勢與否的任何蛛絲馬跡。又說毛澤東與劉少奇關係不明，有待繼續研究。又提示宣傳幹部：「對俄共與中共的關係以及黑魔與毛匪關係應分作二事看。」（10 月 13 日日記）關於前者，直指：中共已由毛的一元領導，改為蘇共個別領導、直接控制各匪首；關於後者，日記寫道：毛澤東與赫魯雪夫二人的衝突為「不可掩之事實」，「惟毛匪何日被清算，則尚未能決定，此在俄黑之政策如何而定。但其

矛盾衝突雖未表面化，只要其能雙方對持不下，則於我總是有利。」（10月31日後「上月反省錄」）

不久的未來，隨著中蘇矛盾在1960年代的檯面化，蔣中正終會體認到，中蘇兩黨關係也好，毛澤東與蘇共高層的「對持不下」也好，終究就是「一事看」；至於能否「於我總是有利」，似又不能不接受國際冷戰形勢更張的制約，只能勉力於夾縫中繼續衝決。

「不作正式灘頭陣」的反攻計畫

1958年第二次臺海危機尾聲，政府透過「中美聯合公報」首次宣稱，「實行三民主義」是「恢復大陸人民之自由」此一使命的主要途徑，「而非憑藉武力」云云，國際輿論視為美國從臺北方面取得臺海穩定的書契保證。某種角度而言，聯合公報確有約制政府的效果。例如同年底蔣中正在光復大陸設計委員會全體會議的講話，就被黨營報紙擷錄為「總統昭示反攻計畫／主義為主武力為從」的顯著標題。可是某種角度而言，說到約制的具體效力，卻也未必盡然，像是這時蔣繼續要求幹部制訂各種武力反攻計畫，就是最好的例子。只不過，如何突破美方限制，甚至爭取其認同，勢必成為計畫擬訂、執行過程中，無法迴避的重要環節。

其中，「武漢計畫」是本年國軍推動的中心工作，蔣中正日記呈現了大量的個人發想、擘劃，也留下與幹部定期集議的梗概內容。這項計畫承接自先前「黃龍計畫」側重空降突擊的基本設想，進而擴充形塑；去年秋冬之際，在國防部之下成立了任務編組，並決定計畫名稱。計畫以組訓特種作戰部隊（傘兵）為主體構成，先是空降以支援柳元麟（李彌舊部）的緬北游擊隊，期望

在中國西南邊區建立「陸上第一反攻根據地」，再擴及大陸其他地區，爭取軍隊、民兵、民眾的歸附、起義。它的形成背景則和前述蔣中正察覺中蘇關係有異，又判斷毛地位動搖，人民公社、大躍進運動孳生社會混亂與怨望，評估總體形勢有利於反攻行動密切相關。

　　至於這項計畫如何突破美方限制而能付諸全面？蔣中正相當堅持它並非屬於正面戰場的軍事行動，即「不作正式灘頭陣之規模」（4月30日日記），而是用來增援大陸內部反共抗暴運動之用，並不違反《中美共同防禦條約》的約束。春天，蔣中正曾記下相關思慮：「年初以來感於美國決無協助我軍正式登陸反攻之希望，故決心放棄八年來之痴想，乃以自行發動其空降進擊之武漢計畫，獨立進行，並不違反其中美互助協定，使之無所指摘，此乃復國方針之最大轉變也。」（3月31日後「上月反省錄」）

　　5月初，與美新任國務助卿柏森斯（James G. Parsons）談，又說明「武漢計畫」之於「非正規」作戰的行動本質，藉以引導視聽：「正規作戰兩棲登陸必將與美協議，以遵守協定」，但「非正規的游擊作戰行動援助大陸反共民眾運動，決不能受美限制，否則美將違反協定之精神，失了中、美互助意義。」（5月2日日記）

　　「武漢計畫」的形成背景已如前述，至於3月發生的拉薩事件，則把這項計畫推到了地緣戰略的前沿，蔣中正估量拉薩抗爭「將導發我反攻復國之機運」，畀以厚望焉，正是以形構中的「武漢計畫」為底蘊而燃起的高昂期待。只是揆諸整起拉薩事件，政府的角色很快就已邊緣化了；日後，「武漢計畫」又因為與美方的交涉波折不斷，加上緬北游擊隊遭到緬甸、中共的南北

夾擊而被迫撤離，蔣中正以西南為起點的反攻設想遭逢頓挫，最終被 1960 年代的「國光計畫」所取代。學界對反攻計畫的研究方興未艾，這些計畫的此仆彼起，之間的連續性、共性，乃至個性為何？對於蔣中正終其後半生的反攻志業而言，不斷增生、變形、匯流的計畫又究竟意味著什麼？凡此種種，日記都值得作為認識與分析的出發點。

1960 ／反攻復國之第一里程

葉惠芬

國史館退休纂修

嚴峻的挑戰

1960 年 3 月，又是中華民國行憲後每六年一次之總統大選，憲法規定總統、副總統之任期為六年，連選得連任一次。蔣中正已擔任兩任的總統，如再度連任，依據憲法即屬違憲，加上他當時已是七十四歲的古稀高齡，他是否再度連任，似乎攸關其反攻大陸軍事志業實施，以及接續治理臺灣的布局與人事安排，於是三連任問題，也成為此時國內外倍受關注的議題。

從 1949 年底政府遷臺以來，蔣中正始終以完成「消滅匪偽、反攻大陸」的使命自許，在臺超過十年的整軍經武與財經建設，中華民國各方面都能穩定發展。對比此時的中國大陸則陷入政治運動擾民不斷、與蘇聯關係漸趨惡化、農業生產力低下等危機之中，他認為反攻時機已然到來。為反攻大陸志業的實踐，本年成為他心目中「民族安危存亡關係最大之一年，必須忍之又忍，慎之又慎，切勿輕動剛腸，貽誤大計」（3 月 10 日日記）。易言之，反攻大陸已著手準備進行，為達此目標，必需全力以赴。

事實上，第二任總統任期內，蔣中正已不斷思考不做總統，但反攻軍事仍能有效進行的策略，並視此為「余對黨國歷史最大責任也」，也曾多次聲稱不再續任總統。但此刻他正派兒子蔣經

國透過美國中央情報局臺北站站長克萊恩（Ray S. Cline）的協助，與美方交涉援臺的天馬計畫，如果交涉成功，將是軍事反攻的一大利基。又美國總統艾森豪（Dwight D. Eisenhower）已是最後一年任期，接下來的共和黨總統候選人尼克森（Richard M. Nixon）與蔣中正夫婦為舊識，正全力助選，如果當選，必將全力支持蔣的反攻，反攻計畫的前景顯得相當樂觀，即使蔣中正考慮可由國民大會選他為三軍統帥來解決，但無論如何，仍然會涉及憲法規定的總統職權爭議，對三連任問題之解決幫助並不大，因此如何避免違憲爭議，成功進行連任，以及連任後之施政和引發之後續效應，都是 1960 年他所面臨的嚴峻挑戰。

決心三連任

1959 年 5 月，蔣中正一度思索不續任總統，但為安定軍心，完成反攻復國使命起見，三軍統帥不可不做。至於對憲法與國大選舉問題，以及反攻復國之軍隊統帥問題等方針則皆應有所決定，他指示應堅持不修改憲法，以免反動派之造謠生事。但不久隨即鬆口，表示非至明年國民大會開會時，不會表示續任總統與否，也鄭重宣示他不做違憲總統。然而隨著如左舜生、胡適等人反對三連任的主張被歸類為野心政客之反動言論，決定連任總統的態勢愈來愈清晰與明確。

副總統陳誠於 1959 年關於召開國是會議之主張，以及與胡適密商政策，並代胡適轉告蔣中正，若能早做不連任之聲明乃為上策，[1] 均引發蔣的不悅，因而深知除非蔣中正明確拒絕連任，

1　陳誠日記，1949 年 1 月 29 日、10 月 22 日。

否則他只能避嫌。他一貫勸蔣中正繼續領導國家，蔣中正先不置可否，但其後就由陳誠組成十四人小組，議定修改臨時條款，規定在戡亂時期，憲法第四十七條總統只能連任一次之文應不適用。至於國民大會「總額」人數則贊同由司法院大法官解釋，以實際來臺報到人數為「總額」。[2] 目的是為蔣中正的連任之路尋求解套。

惟至 1960 年 1 月底，因有國大代表藉總統選舉，進行無理需索，蔣中正憤而申明他「決以至公無私，不求不爭，依照憲法不得連任總統之態度」（1 月 30 日後「本星期預定工作課目」），宣布不選，但還是指示國民大會代表人數之大法官解釋應在 2 月 18 日決議，19 日公布，經行政院諮請大法官會議解釋。各項障礙解決後，第三屆國民大會於 2 月 20 日開會，蔣中正甚滿意，稱：「國民大會開會情勢比之第二次會似更良好與簡單，當然亦有修憲與創制、複決權之提議，以及極少數反動分子反對臨時條款之修正等之意見，但較之上次大會之初時，罷免李宗仁案與吳逆國楨之無端謗毀之電文，以有意混亂國際視聽、動搖國本之罪行等觀之，更不足道矣。」（2 月 20 日後「上星期反省錄」）

國大暗潮洶湧

在國大開會期間，因內部暗潮洶湧，蔣中正已掌握內部狀況，針對領頭主張修憲之代表姚琮、顏澤滋等加以規勸，也召開國民黨黨員談話會，宣布政府決策，亦指示國民黨祕書長唐縱與前在中常會場咆哮、異議代表李宗黃溝通，一連串的事先部署，

---

2 王世杰日記，1960 年 1 月 23 日。

於 3 月 4 日的審查會中，得以否決修憲案，其中仍堅持修憲者則
不足百分之六，對此成果蔣中正表示滿意，認為與「昨日該會情
勢根本轉變」（3 月 4 日日記）。11 日臨時條款修正案也獲通
過，惟接到陳誠來報，昨夜把持國大聯誼會之一小撮人又來要脅
增加其代表臨時經費每人四千元，蔣中正決定嚴加拒絕，表示如
果今日再不能照原審查案通過，則總統必對大會提出辭職。

3 月 12 日，由國民黨評議委員向臨時全會推薦蔣中正為國
民黨第三屆總統候選人，及由蔣中正推陳誠為副總統候選人。再
由臨全會分別選舉蔣中正和陳誠為國民黨第三任總統、副總統候
選人。而國大要求增加臨時費四千元，則由王雲五、張群負責答
允每位國代支借二千元，以解決其事。蔣中正對國大之趁機需索
雖聞感無奈，認為他們「革命人格掃地盡矣，何能望其復國耶」
（3 月 11 日日記）。可是有求於國大代表獲得連任總統，也只
有退讓，又答允國大成立一個研究創制、複決權之常設機構——
憲政研討會。

連任圓滿完成

3 月 21 日，國民大會進行總統選舉投票，到一五〇九人，
蔣中正以一四八一票高票當選，但仍憾曰：「尚有廢票二，白票
未題者二十六人，應自警惕。」（3 月 21 日日記）次日副總統亦
完成投票，兩人連任為第三任總統、副總統。對於國民大會任務
圓滿完成，蔣中正甚感欣慰，記曰：「國大任務完成，圓滿閉幕
之日，即為反攻復國勝利開始之日，亦為反攻復國最後勝利決定
之日也。」（3 月 24 日日記）

第三任總統就職，蔣中正還是強調他對以下數點堅持不讓：

「甲、總統不能用全民直接普選，必須由國民代表大會選出。乙、總統任期必須以六年為一任，蓋余以為四年任期的時間不能表現其成敗與政績，應以五年為工作有成之標準，另以一年為其研究編訂其全國建設計畫之時間，故共以六年為任期也。丙、行政院人事征求立法院同意案，只提行政院長一人，其他皆由總統直接任命也，此一條在目前政情下更覺重要。」（5 月 20 日日記）由這段主張看來，蔣中正對於憲法規定總統的權限和政績都有其一定程度的堅持，而且在此次總統選舉中，透過國民大會修正臨時條款之舉，已為他終身總統打通關節，一直被關注的總統接班人選得以延緩決定，也將更能符合他的本心。

蔣中正與陳誠之爭

　　1958 年時，行政院院長俞鴻鈞因拒絕監察院約詢案遭到彈劾，後自請辭職，陳誠以副總統職兼任閣揆，但組閣人選中的黃少谷與陳雪屏都遭蔣中正質疑，教育部部長人選問題更發生重大歧異，蔣中正屬意原任教育部部長之張其昀，但陳誠屬意梅貽琦，向張其昀解釋以梅貽琦接任教育部是蔣中正的意思，卻為蔣中正獲知，蔣中正更從張其昀口中獲知對此項人事胡適早已得悉，且向張其昀示威過，要其準備下台，蔣中正為此憤怒至極，認為陳誠「不僅不分敵我，已失黨性，而其不守機密至此，殊為浩歎。」（1958 年 7 月 9 日日記）又責備陳誠「說話不實而取巧，令人懷疑，對其有不誠之感」。（1958 年 7 月 10 日日記）

　　蔣中正總認為陳誠周邊「少一個識大體、具遠見者為之襄助，只有派系自私與排除異己者，玩弄其虛偽情報，以獵取其權利為職業」（1958 年 12 月 3 日日記）。而這群被形容為「政客

策士」群體內，蔣最嫌惡者則非胡適莫屬。此外，在推動政務的主張方面，陳誠亦常直言並堅持己見，對蔣中正的改進建議不一定接受，於是兩人之間或明或暗的爭端亦不少。

第三任總統選出，開始思考行政院長人選，雖然陳誠對組閣意態消極，申明不願續兼閣揆，在蔣中正以無適當人選勸服之後只有接任。如同上次組閣，蔣中正對黃少谷和陳雪屏成見未消，但陳誠則稱兩人為其最大的助手，如他們不能在此次行政院改組中出任要職，即為對其重大之打擊，蔣中正乃批評陳誠：「對人不分賢否，亦不問其人是否識大體、顧大局，而以對其接近、實則包圍者，即認為是最大之助手，實則此種小宵政客，不惟幫助辭修，而更幫助敵黨與反動者，專以投機自私，藉敵自重，最後必將引入擁陳反蔣之陷阱，而彼尚在鼓中也，其不明人事如此危哉。」（5 月 24 日日記）然而最終內閣改組就在兩人取得妥協後順利解決，改由沈昌煥為外交部長，黃少谷改任駐西班牙大使，而原已準備更換為唐縱的行政院祕書長則仍由陳雪屏續任。蔣中正對此次內閣改組，稱道陳誠「對人事之意見多能體認余意旨，乃比前年改組時所表示之精誠特增矣。」（5 月 23 日日記）

為陳誠調和鼎鼐

陳誠個性剛直強硬，早在第一次出任行政院院長時，就被質疑過以其個性脾氣，恐對內與行政院同仁不能相處；對外與立法院不易合作。[3] 然而卻能久任閣揆及副總統，在政績獲得相當的

3　劉維開，〈陳誠與政府遷臺初期中央政制的確立〉，周惠民主編，《陳誠

肯定，惟在立法院質詢時往往盛氣凌人，加上過去與 CC 系的舊怨，難免引起一些立委的為難。蔣中正了解陳誠「憤激偏狹」個性，對立法院此種情勢也有其因應之道，常能居間化解問題或避免衝突。

陳誠繼續兼任行政院院長後，6 月 13 日列席立法院，說明總預算與調整待遇案，立委谷正鼎、胡健中、齊世英等即對下年度預算案橫加刁難，陳誠氣憤難平，蔣中正得知消息，乃要張羣和唐縱轉達嚴重警告，勸這些立委悔悟改正。但 14 日立法院通過下年度預算案仍然超出行政院最後之金額，存心為難行政院，且有違憲法。蔣聞之「不勝悲憤，立法院與本黨之整理非速下決心不可，若輩亡國害民，敗黨亂紀至此，尚不知愧悔，而非使黨國根本滅亡不可」（6 月 14 日日記）。此後陳誠開始召集張羣、王雲五、嚴家淦等人商談對立法院預算案決議的處理，日記的一句氣話「余決不再兼行政院長」，說明了他對與立院不同派系黨員交手的無奈，本來即已無意兼任閣揆，剛好也可趁機卸下重擔。雖然已有求去之意，但陳誠對此次的爭議並未過度煩擾，他隨後也向蔣中正保證將予妥善處理完畢。

反而蔣中正對這些反對陳誠的立委有更多的批評，在 16 日，約集陳誠、張羣等人各別商討對立法院之預算案處理辦法，稱之為「立法院反動政客叛徒之預算案」，決定依法公布其所通過之原案，決以忍耐處之。又記曰：「立法院否決行政院預算修正案，乃為對我政府威信之重大打擊，辭修多言不耐且受刺激甚深為憂。」（6 月 18 日後「上星期反省錄」）然而 18 日重要外賓

與現代中國》（臺北：政大出版社，2017），頁 221。

美國總統艾森豪即將訪華，隨後又是年度軍事會議的重頭戲，讓
蔣中正也無力多加關照此次的風波。

直到 7 月 1 日起，他才再度思考陳誠與立法院尖銳對立的
問題，認為此次係因陳誠「好聽小宵之謠言與細言，而生煩惱與
苦悶、灰心，實足大憂」（7 月 2 日日記），決函勸陳誠適心修
養，性情寬和冷靜，才能應付立院的挑釁。3 日又約見陳誠，垂
詢調整待遇案處理情形，並囑可至金門、馬公、馬祖休息一、兩
個禮拜。陳誠表示擬於 6 日前赴金門，並告以八七水災重建業已
完成，待遇問題大體亦告一段落，希准予辭行政院院長。但蔣中
正深不以為然，要陳誠必須忍耐，必要應同進退，並賜《菜根譚
選集》，囑多閱讀，於心身均有補益。5 日又再度約見陳誠，知
道國大代表的待遇問題還是卡在立法院，蔣中正極為不快，指示
立法院院長張道藩警告黨籍立委不得倒陳。終於得在 7 日將立、
監委及國代待遇案完成呈報，陳誠始於 7 月 8 日赴金門。

陳誠訪金插曲

陳誠在金門視察各部隊、戰備工事及地方黨政措施，建議
改進項目，希望有助於戰地的建設，但在 7 月 19 日即接到祕書
長陳雪屏電話，由張羣傳來蔣中正的指示，要陳誠由金門直接
先返臺北，俟晉見後再定往馬祖的行期。另提到 18 日的《英文
郵報》、《聯合報》及《徵信新聞報》均登載陳誠巡視消息，與穿
著四星上將軍服巡視的照片，總統非常關切，特命新聞局發一消
息，說明其已抵澎湖。20 日，張羣帶來蔣中正 19 日手示，提到
陳誠「在金休養，對於心身神無甚進步為慮。此時吾人一言一行
無不受人注意，其所關者，不惟為個人之毀譽，而於國家之瀆絕

者大也」。又說：「弟對吾果有信仰，則應信託余數十年來，辛酸屈辱與成敗得失之經驗，完全聽命，而不自做主張，乃為今後處事唯一之道。如此雖不能必其成功，但決不至於失敗，乃可自信革命事業雖有主義與國家之成敗存亡，而實無個人榮辱毀譽可計，否則革命早已絕之，此不僅得力於忍辱負重，而亦由於逆來順受與順天樂道中得之，務望吾弟多從樂字與順字，多加修養。」[4]

次日，陳誠向蔣中正報告視察金門所見所聞及觀感外，對蔣中正以國家重任見託，答以：「對於政治原無興趣，奉命由從軍改為從政，徒增總統負累及憂慮，內心歉疚。」兩人又針對前年陳誠與胡適、王世杰、蔣夢麟、梅貽琦等出遊，引發外人評為「商山四皓」一事，蔣中正稱他之所以決心連任第三任總統，是因此等政治只有他可以對付。責備陳誠「有組織」，又對黃少谷極不諒解。對這次與蔣中正談話，陳誠記曰：「對我期望似極大，為我疑慮實太深。」[5] 蔣中正則認為他好意力勸陳誠忍耐持重、慎言寡尤，並囑咐其暫飛金門休養省察，不料其穿著軍裝前往，頗為詫異，「以彼十年來已卸軍裝，自命退役從政也，以此乃可窺察其神經失常為憂」（7月9日後「上星期反省錄」）。

21日與陳誠見面溝通後，蔣中正更形憤怒云：「自省平生未為敵人所欺詐，而為幹部所欺詐，亦從未受敵人之脅制，而乃為幹部所脅制，因此而為敵人所利用，竟為其間接所欺詐、所脅制，以致國事大敗，卒使大陸人民蒙受今日空前之浩劫，此乃民國二十年宋子文強制管束胡展堂，與二十五年張學良西安事變之

4　〈蔣中正手諭陳誠從速回來共商大局〉，《陳誠副總統文物》，國史館：008-010109-00001-006。

5　陳誠日記，10月21日。

故而受詐於匪共，為最顯著之事例。」將陳誠比擬昔日的宋子文
和張學良，但是如今絕不能「重蹈覆輒〔轍〕，而許其自取敗亡
公私乎？」（7月21日日記）顯見陳誠著軍裝察金門一事，已
讓蔣中正頗為疑慮，感覺事態嚴重。

歧異終須解決

陳誠回臺後，蔣中正對他的疑慮並未消除，24日又云：「辭
修最近態度與心情近乎子文，以刺激、要脅與權術之對待其領導
者，而領袖反被其所利用，以達到其個人慾望與目的，並為其洩
私憤、報私仇，竟致最後黨國敗壞至此，乃為余一生之罪惡，後
悔莫及。今辭修復襲此病，如不切實教訓，使其痛切悔悟，以挽
救之，則公與私俱躓。」（7月24日日記）

於是從25日起，蔣除了思考「自由中國案」處置外，也開
始思考內閣更易，先考慮將王雲五調離行政院副院長，由俞大維
接任，俞大維之職則由周至柔接手，周至柔之省主席則由蔣經國
接任。30日甚且將陳誠的行政院問題提升至與自由中國案幾乎
同等的位置，認為「辭修近日神態，其對行政院『雞筋』不定的
行動，乃發現其為對黨務政策與人事之主觀成見，表示事事不
滿，更是對余主張懷有歧見，此其非僅為對立法院之不能容忍而
已，甚覺其驕矜失常，恐難以情理所能警告悔悟也。」（7月30
日日記）

8月1日蔣中正決定對陳誠下最後通牒，他草擬對陳誠勸告
要旨：「甲、下半年為對內、對外形勢最緊張，亦最危險之時
期，不應如此消極拖延，以誤政局。乙、彼數年來成績與聲望乃
應此次暴戾狹隘之言行造成低潮。丙、如不即日表示其積極奉

公，到院負責處理公務，更引起外間猜測與謠諑，愈遲愈將陷入進退維谷之境。丁、彼最近不知不覺之間對余處事發生歧見，將使外間引起其與我不同意見之猜測，應特令注意。」（8月1日日記）

3日在開完中央常會後，蔣中正對陳誠加以慰勉，稱：「彼已為元首候補者，國家前途、人民禍福，將來全屬望於彼身上，如果其心情言行一如最近數月來之表現，幾使中外友好人士皆為失望，人心無所寄託，此豈只是我個人之憂惶無措而已，能不憬悟自修乎？」如只會「玩弄手段、施用權術……不自覺其為人所諒察，反以為人愚而我獨智，豈不危哉？」（8月3日日記）吐實近日對陳誠的真實感受，希望陳誠能自我覺悟，此時兩人關係似有修復。10日又因陳誠身體不適，蔣中正還特別到陳誠寓所探視，談及考試院院長人事問題。也大約此時，陳誠發現他請辭行政院院長，確實造成蔣中正與國家現狀的困難，不如聽王世杰的意見，勉為其難續任閣揆，或許於國家有更大的助益。

身為蔣中正最重要的部屬，陳誠因為穿著軍服視察金門，引發與蔣中正之間重大的疑慮與風波，就陳誠本人而言，原來即不存在要脅挾持蔣中正之意圖，因而在返臺爭論過後，他就已不將此事放在心上，而蔣中正則因認為陳誠此舉有違常理，雖歸因於其神經失常，但是更懷疑其有政治動機，一度將此事升高為與雷震案同等級的反政府作為，幸而最後念及兩人深厚情誼，向陳誠表明對他期望甚殷，然而他近日的一些反常行為或政治權謀可能造成的負面效果。蔣中正主動釋出善意，也漸釋對陳誠的猜疑，事件遂告平息。

雷震案的前奏

　　雷震原為國民黨黨員，所主持的《自由中國》半月刊在 1949 年 11 月 20 日創刊時，亦以「擁蔣」、主張自由民主、反共路線作標榜，早期曾受到政府單位資助，但隨著其對自由民主的堅持，與政府當局漸行漸遠，1956 年 10 月 31 日「祝壽專號」出刊，邀請海內外知識分子撰文，對當局提出檢討與建言後，雙方關係正式決裂。而對蔣中正念茲在茲的反攻大陸問題，1957 年 8 月殷海光執筆的社論〈今日的問題（二）：反攻大陸問題〉一文更引來軒然大波，後因刊物著文回應爭議而暫告平息，但與當局的分歧愈發嚴重，刊物實際負責人雷震也成為黨政當局的首要目標。

　　1960 年 2 月、3 月間針對蔣中正準備三連任，《自由中國》亦有傅正撰寫之〈護憲乎？毀憲乎？〉、〈豈容御用大法官濫用解釋權〉兩文評論，引起注意，[6] 不過蔣中正在日記中並無記載。5 月 18 日雷震參與李萬居、高玉樹等籌組新黨，亦被認為是雷震獲罪的重要因素，但當時日記中也全無紀錄。至 7 月才首次在日記中載「與唐、谷、鄭研討自由中國半月刊問題與選舉訟案」（7 月 11 日日記）。惟其所云之選舉訟案係指總統選舉、地方選舉抑反對黨之組黨問題，並不清楚。此後該案在日記中不斷出現，如 7 月 18 日又召集黨政要員商討雷震案之處置的法律問題，也思考雷震等人已挑撥臺民與政府惡劣關係。26 日思考雷震案處置或能警告反動人士：「甲、民主自由之基礎在守法與愛國。乙、不得煽動民心，擾亂社會秩序。丙、不得違紀亂法，造謠惑

6　楊秀菁，〈權衡下的 10 年罪責：雷震案與 1950 年代的言論自由問題〉，《國史館館刊》，第 40 期（2014 年 6 月），頁 121-122。

眾，動搖反共基地。丁、不得抄襲匪共散技，破壞政府復國反共措施法令，挑撥全體同胞團結精神情感，效尤共匪假借民主實行顛覆政府之故技，而為匪共侵臺鋪路。」（7月26日日記）

8月，蔣中正確定對雷震案的處理方針：「甲、以寬容與不得已的態度出之，非此不能保證反共基地的秩序安全，否則行將以此一線生機之國脈，被殉於假借民主自由的共產者鋪路者之手。乙、該半月刊雷某所言所行，完全如在大陸上卅六、七年時期的民主同盟的口號、行動如出一輒〔轍〕。丙、三中全會決定聯合反共救國的方針。丁、只要依循合法的行動，中央決不妨礙言論、結社之自由。」（8月27日日記）將《自由中國》對比為與共黨合作、造成國民黨在大陸失利的元凶——民盟。

而如此處理方式，蔣中正亦「自覺謹慎周詳」，又再重申臺省不僅為反共抗俄基地，而且為國脈民命所繫一線之生機，不容「效尤在大陸淪陷前匪共工具的口號行動，以致大陸人民至今陷於空前浩劫而無法自拔之覆輒〔轍〕」，「挑撥政府與人民之隔閡，造成省區同胞之惡感」，以及「以流血叛亂之鼓動民眾，再造二二八事變為目的」，毀法亂紀之雷震等人。（8月28日日記）

為安定臺灣局勢，蔣中正已決定逮捕雷震等人，事前的考慮自言已至「不厭其詳」的地步，如他擔心胡適如出而干涉，或在美國公開反對政府，乃先擬好對策；認為李萬居、高玉樹等組反對黨，乃以美國與胡適為其招搖號召之標幟，目前也只能暫時擱置。9月3日，交代國民黨祕書長唐縱，在雷案人犯逮捕後，再轉告李萬居、高玉樹等人，雷案與彼等無關，而雷案的逮捕原則為：立場要堅定、範圍越少越好、一切依法辦理。充分顯示蔣中

正不希望案件牽涉太廣，引發社會動盪。

在雷震被捕之後

4 日上午，《自由中國》社長雷震、編輯傅正、經理馬之驌和已離職職員劉子英等四人被捕，交軍法審判。6 日以劉子英供述，其由邵力子之妻傅學文派來聯絡雷震，且也已明告雷震，而雷震仍包庇不檢，且容留在家，並派其為刊物之會計，因此「其通匪之罪確立矣」。（9 月 6 日日記）蔣中正另外指示唐縱，「雷案主要問題因轉移於劉子英匪諜與雷有重大關係方面，而以其社論叛亂涉嫌為次要因素矣」（9 月 7 日日記）。案情導向匪諜部分，可見蔣中正為避免衍生更多爭議，有速結雷震案之意，也因此他仔細研討案情發展情勢與方針，又隨時與雷案處理小組開會討論，得知反對黨發起人李萬居和高玉樹等發表營救雷震宣言，更為不悅，認為「時機已到，再不可忍辱，必須予以反擊矣」。（9 月 12 日日記）

然而蔣中正所憂心的胡適反應和美國輿論也很快來到。胡適強調雷震案應由司法機關審判，且雷震素為反共人士，決不可能叛亂，蔣中正便在日記責胡之言為「胡說」。蔣中正也聽聞美國國務院對駐美大使館為雷震案作變相警告，美國媒體如往昔對華素表同情之《時代雜誌》，此次亦於社論中予以批評，遑論其他如《紐約時報》與《華府郵報》等刊物。即便如此，蔣中正仍十分慶幸霍華德報系沒有批評，對我代表權問題且作支持，可知「美國輿論對我不利者，只是與中國自由主義者與其美國左派有關之少數報刊而已，此為余事前所預料者，……此次顧慮周詳，決心堅定，毫不為內外反動之邪惡評論與美國壓力所動搖，以理

與力皆甚充足耳」，而且「經此一考驗，更知外國之良友皆無公義情感可言，一如其政府以強權與帝王凌人，而本國所謂自由分子如胡適者，實昧良之洋奴而已。」（9 月 17 日後「上星期反省錄」）

主導審判結果

蔣中正召見雷案處理小組，商討起訴書要旨：以懲治叛亂條例處理，不能移轉司法機構審；取消戒嚴法或請求開釋匪諜有關嫌疑犯，乃是要解除政府反共武裝，並以民主反共為名，而以救共亂國為實，再進一步即可實現其投共陷臺的故技，大陸殷鑒能不警惕，能不寒心。又詳閱起草書稿，並予指正，強調處理方針即以雷案已逮捕者為限，不擴大範圍。後召集雷案處理小組對作最後之檢討。

至 10 月 8 日，蔣中正再度審閱判決書，召集陳誠、張羣等研討比較，不引用意圖顛覆罪之法條，處以十年徒刑。12 日再審核判決書內容，對於其為匪作有利之宣傳，並可與匪言合作之語意特加予修改，加強其犯意一節。由此可見，為了加速判決確定，發揮警告所謂自由分子的作用，蔣中正可謂付出全部心力。

之後雷案當事人聲請覆判，蔣中正也指示國防部軍法覆判局局長汪道淵速判原則。31 日，聽讀雷震長達萬言的自辯狀，蔣中正責其內容「巧辯狡詐」，其實「彼在『自由中國』刊中歷來文字，皆為其今日巧辯而預為其本人羅織其叛逆大罪，而成為無罪之預地而作也。二篇罪案文字中，其惟一目的乃欲為其大罪而成為無罪，以達到其為共匪作有利宣傳，以似是而非之文字以煽動叛亂，此種積非成是、以有為無和以無為有之辯證，是乃共產

黨徒以文字辯證為其政治與思想戰，作其侵略世界、控制人類、麻醉人心之重要武器耳」（10月31日日記）。本來只是因自由中國批判執政當局的言論，在蔣中正本人的引領下，也轉變成以文字為匪宣傳，準備顛覆政府的匪諜叛亂案。

11月23日，國防部對雷震案覆判之判決書發表，日記記下：「今日雷、劉二犯皆遷入監獄執行徒刑，此為臺灣基地反動分子之變亂與安定之惟一關鍵。胡適投機政客賣空與脅制政府未能達其目的，只可以很失望三字了之。」（11月24日日記）對此結果表示滿意：「雷、劉等覆判判決書已如期宣布，國內與國際輿論並無多大評論，此為不憂不懼與不愧不怍，不為任何壓迫所搖撼或猶豫，可知決心與定力的修養更比前進步為慰。」（11月26日後「上星期反省錄」）

綜觀日記內容，對雷震案從準備逮捕到審理判決的過程，可謂全盤掌握，如召集小組討論處理方針、決定逮捕並交軍法審判、將案件由文字叛亂轉為知匪不報和為匪宣傳的方向、檢視起訴判決等相關文件等，以及最後判決的採行，都顯見蔣中正對雷案的全程操控與完整主導。

武漢計畫空降神兵

從1957年11月，為避開美國對反攻行動的束縛，蔣中正開始推動武漢計畫，即採行空降敵後，引發中共內部抗暴，再行伺機反攻。他命令蔣經國與彭孟緝組訓空降特種部隊三個總隊，於其上成立特種部隊司令部，首任司令為易瑾。又於1958年11月下令成立武漢小組，研究武漢計畫的制定與推動。

由於蔣中正對反攻的迫切期待與關注監督，武漢計畫從

1959 年 2 月開始每週四舉行會報，由蔣中正親自主持，經由會報研擬完備計畫。蔣中正且會提出一些新的空降目標區，如貴州畢節、雲南騰衝、四川宜賓，視「此為武漢計畫之重點，自信其畢節乃為成功之樞機」（1 月 23 日日記），還有增加貴州思南與湖北來鳳等，最後依據可行性、發展性等指標，決議了包括粵貴湘邊區、贛粵邊區等十個反攻空降目標區。

反攻大計賡續進行

為輔助武漢計畫的進行，蔣中正還有兩個的計畫，一為凱旋計畫，1959 年 3 月 1 日他召見彭孟緝，指示擬定凱旋計畫，分成四期，每期各抽調九個師的兵力，初期登陸目標選定廈門以南至汕尾為主力，廈門以北至三都澳為支戰場，以金、馬作為反攻跳板，再逐漸深入內陸。1960 年 4 月，聽取凱旋計畫報告，指示占領港尾半島無異於佔領廈門要港，並針對計畫內容進行評論與修正。

另一為 1960 年初派蔣經國透過克萊恩的關係，與美方商討天馬計畫，希望與美方在大陸的南部、西南、西北等地執行祕密情報工作，再協助支持大陸的反共抗暴運動，但因航程太長，也需透過美國，獲得友邦國家取得油料補給與升降之權，並獲得長程運輸機、空降配備等援助，蔣中正也隨時由蔣經國的報告中詳悉美方意見與計畫進度。8 月下旬，克萊恩由美回臺，攜回艾森豪對天馬計畫已經批准的消息，9 月 3 日轉遞艾森豪批准之天馬計畫備忘錄，蔣中正深感欣慰云：「此為美國十年來對我反攻計畫第一次之首肯也」（9 月 3 日後「上星期反省錄」）。天馬計畫後改稱野龍計畫，準備伺機施行。

　　最重要的是自 1959 年 7 月起，蔣中正決定由柳元麟率領的緬北游擊隊反攻雲南，建立第一反攻基地，陸續派出人員協助整訓，特種部隊和軍事補給裝備也分批送往，大力支援。1960 年 4 月下令成立崑崙演習統裁部，研議「加強特種作戰空降分遣隊草案」，針對中國大陸的人民公社，實施敵後多點滲透及大縱深的交通通訊破壞演練，與心戰謀略相配合，欲發展成全面游擊作戰的反攻計畫。[7] 6 月 13 日進行崑崙演習。7 月下令將武漢計畫調整改進，新設六個目標區，集中於雲、貴、川、康等省，以配合緬北游擊隊的反攻雲南，易名為崑崙計畫，[8] 期望游擊隊能因此能在異域立功，為中華民國的反攻大陸扮演先鋒的角色。

　　緬北游擊隊經過一段時間的補充裝備與整訓後，戰力已有很大的改善，但是也引起中共與緬甸的側目，趁寮國政局動亂之機，以重勘中、緬未定邊界為名，彼此結合，出動大軍，南北夾擊，11 月 22 日緬北戰役爆發，至 1961 年 1 月 25 日以實力懸殊，柳元麟所部被迫退出江拉，結束戰役，建立第一反攻基地的期望破滅。

　　雖然緬北戰役失利，武漢計畫已難以持續，但是蔣中正認為武漢計畫較之前的反攻計畫已取得許多進展，而特種部隊在此次戰役亦獲得戰場之磨練與考驗，仍為未來反攻大陸不可或缺之主力，加上反攻大陸的時機仍未消退，於是他又開始籌擬新一階段的反攻計畫。

7　〈崑崙演習統裁部編訂國軍特種作戰準則之一加強特種作戰分遣隊之作戰有關空降草案〉，《蔣中正總統文物》，國史館：002-080102-00061-003。

8　〈蔣中正擬訂收復雲南地區之崑崙計畫〉，《蔣中正總統文物》，國史館：002-010400-00031-025。

小結

綜觀 1960 年的蔣中正，藉由國民大會修改憲法臨時條款，連任第三任中華民國總統一事之影響力與重要性無庸置疑，成為不受憲法規定限制，得為終身總統的統治者，引發莫大的爭議，也倍受批評。

因擔心陳誠著軍服視察金門，與陳誠爆發爭執，幸兩人堅實情誼，而得以平息疑慮。但對雷震的《自由中國》尖銳的批評，以及懼怕反對勢力的集結，有害社會和諧，則不能容忍，而有雷震案的啟動，即使謹慎周詳的思慮，避免牽連廣泛，仍然危害了民主社會的言論自由。

但從 1960 年的日記看來，其實他最掛心，且全力以赴的則非反攻計畫莫屬，從年初即盼如計如期開始反攻復國戰爭，完成上帝所賦予之使命。就任第三任總統，也視為反攻復國開始之第一里程，顯見其間的關連性。反攻的武漢計畫、天馬計畫、凱旋計畫和崑崙計畫都在蔣的掌握下準備付諸施行，但年底緬北游擊隊在緬北戰役的失利，卻讓一年的反攻努力功敗垂成。

1961 ／對美外交轉危為安

高純淑

天主教輔仁大學歷史學系兼任副教授

前言

　　1961 年伊始，國內人事相對穩定；雷震案餘波蕩漾，雖有「非常上訴」之請，一切皆在掌控之中；惟在外交與國際地位上面臨巨大挑戰。美國總統甘迺迪（John F. Kennedy）入主白宮，華府當局有意改變對華政策，從過去十年來支持臺北代表全中國的堅定立場逐步鬆動。面對美國政府可能著手改變對華政策，蔣中正開始認真思考以推動軍事反攻大陸的動員與準備，作為回應的具體措施。

反攻計畫的問題

　　「以大陸反共抗暴革命運動為主，以軍事反攻行動為從」的反攻策略不變，延續或新擬的野龍計畫、天馬計畫、辛丑計畫、武漢計畫等，陸續開展。其中，「辛丑計畫」是近程的新空投作戰，準備趁大陸糧食短缺（飢荒）局勢變動之際，同時空降三千人至大陸沿海地區展開反攻行動。

　　「辛丑計畫」籌劃的同時，2 月 15 日，運補緬北邊境游擊隊的運輸機遭緬甸軍隊擊落，緬甸政府於聯合國加緊控訴國軍侵略領土，使政府備受國際輿論責難。為維護聯合國席位，且游擊隊

補給與立足皆感困難，蔣中正乃決定撤離緬境游擊隊，轉移至寮國境內，不再涉入該區鬥爭，並在日記中坦言：「余鑒於美國務院中之左派復活，不能不忍痛將就，但只允其撤退來臺，而不允其由我令命自動繳械之無理要求，且予以嚴正堅決拒絕以應之，此乃本周或亦本年第一之重大問題也。」「余以實施我武漢與辛丑計畫為惟一目標，其他一切壓迫皆將作為次要問題，故忍痛不計也。」（2月25日後「上星期反省錄」）

2月28日，蔣經國即奉命與美國中情局駐臺辦事處主任克來因（Ray S. Cline）協商撤軍事宜。3月2日派副參謀總長賴名湯前往泰、寮現地協商。又指示撤退以我方飛機為原則，不用美國飛機，並使用泰國機場撤運。嗣後即以「國雷演習」為代號，進行撤運工作。[1] 3月3日，反共游擊隊一千餘人自緬甸撤至泰國邊境，3月6日行政院院長陳誠宣布協助撤離緬、寮、泰邊境；3月18日，開始接運；4月11日止，共接運四千餘人抵臺。

但反攻作戰，仍須考量《中美共同防禦條約》的約束，因此蔣中正屢次思考，要如何修改條約，才不使美國牽入戰爭，讓美國對反攻行動不必負責任，使我國能單獨採取軍事行動。「如至最後應作主動取消兩國協防條約，不再受美控制與犧牲，以為自立自強之決策，看美在遠東採取如何行動也，應加準備。」（4月5日日記）

而修改條約的時機，究以何時提出為宜，「辭修與岳軍皆以為不應事前提出，以免其從事阻礙也。」（4月13日日記）

---

1 賴暋訪錄、何智霖編輯，《賴名湯先生訪談錄（下）》（臺北：國史館，2011，再版），頁202-225。衣復恩，《我的回憶》（臺北：立青文教基金會，2000），頁156。「國雷演習」取名於蔣經國、克來因（雷恩）二人。

「總統特別注意反攻大陸——中美共同防衛條約必修改，應告美方。」[2] 終 1961 年並未有大規模的反攻行動，修約想法就這樣停留在研究階段。

反攻時機的疑慮

在漫長的等待中，蔣中正開始自力反攻的準備，「實施計畫之決心，乃為乾坤一擲，決存亡、賭死生，無論以理以勢，志在必行，至於成敗利鈍，惟聽之天命而已。」（3月4日後「本星期預定工作課目」）

4月1日，在蔣中正指示下，國防部在臺北縣三峽鎮大埔營區悄然成立「國光計畫作業室」，正式展開擬定反攻大陸的軍事作戰計畫。另外在新店碧潭成立「巨光計畫室」，研擬與美軍進行聯盟反攻作戰，藉以掩護預備自力反攻的軍事意圖。[3]

從日記中觀察，國光計畫作業室成立後，蔣中正時常前往指導，「往大埔鄉戰時辦公室，主持作戰會談，聽取海軍對反攻登陸計畫之報告一小時餘，更對陸、海、空各軍戰力與準備情況，有全盤統合之了解為慰。」（5月2日日記）「在大埔主持作戰會談，聽取海軍與空軍初期作戰計畫之報告，甚妥為慰。」（5月3日日記）「經大溪轉大埔國光計畫組，主持作戰會談。」「會談時聽取（己）（壬）計畫報告約一小時，實為最理想之登陸陣地，引以為慰。最後再作重要指示，以及余為何選定該二處登陸之理

2 林秋敏、葉惠芬、蘇聖雄編輯校訂，《陳誠先生日記》（臺北：國史館、中央研究院近代史研究所，2015），第3冊，頁1395。
3 彭大年編，《塵封的作戰計畫：國光計畫——口述歷史》（臺北：國防部史政編譯室，2005），概述。

由。」（5 月 19 日日記）「大埔」這個關鍵地名時時出現在日記中。

　　但除了美國的掣肘外，軍費的籌措亦是難題之一。他曾記下陳誠對反攻大陸時機之疑慮，「辭修對孟緝談話，表示其對我反攻復國計畫根本失卻了信仰心，殊出意料之外，彼在四月底已同意我所定開始反攻時期，且已決定戰時財經措施與軍費，而今日忽反前議，對我威信毫不顧及，可痛。」（6 月 30 日日記）召見陳誠時，又生爭論：「今晨九時與辭修談反攻計畫方針、日期與機會難得而易失之理，並責其不應背地倡言國軍不能作戰之說，以打擊反攻士氣，即打擊我統帥威望與統御之無能，以後無法重振反攻信心一點，令其特別注意，明告其我所已下之動員令，決不能自我取消，除非由其不贊成之理由代我取消，因我欲反攻必須取得內部同意，否則只有犧牲我之主張也。」（7 月 2 日日記）陳誠在日記則提到：「我們反攻雖不能算定戰，但絕不能糊塗戰，最低限度也要做到捨命戰。試問如何令三軍捨命？以運輸工具言，如不給交通部相當期間，如何集中船隻？其他可不必言。」[4]

　　陳誠有行政上的困難，蔣中正有信念上的堅持。

　　「接報辭修對臨時戰費已遵令撥發，並令交通部亦如期集中船艦，可知其已有積極反攻作準備為慰，此乃我內部團結一致，反攻復國成功之保證乎。」（7 月 6 日日記）「辭修對反攻計畫不願多聞之意，可歎，是其不積極乃作消極之表示。向來凡是重要軍事行動之決定，彼多持異議，而且作不合原則之反對，最後實施成功，在在證明其所反對者為成功可行之舉動也。」（7 月

4　林秋敏、葉惠芬、蘇聖雄編輯校訂，《陳誠先生日記》，第 3 冊，頁 1389。

14日日記）但戰備費籌措的困難還是存在，第一期的戰備費，除已撥三億元外，尚須二億元，分三個月要湊齊，陳誠「約嚴部長及徐總裁（央行）商撥戰備費。渠等報告困難情形，及恐影響通貨及物價。」[5]

除戰費籌措困難外，反攻行動的時機，還須考慮到9月間聯合國大會的表決結果。假如中共與外蒙入會，而中華民國被迫退出，那麼反攻行動就能無所顧忌，美國也沒辦法阻止；假如我國在表決中獲勝，那麼「我之地位對反攻大陸更名正言順，美亦莫能阻制我行動之自由。」（7月10日日記）所以他決定故在9月底聯合國大會獲得結果後，再行反攻，比較適宜。於是指示：「余決展延兩月至九月底完成，此為形勢使然，乃亦內部共同心理所致，不得不俯順輿情，且可減輕財經壓力，辭修更為快活矣。」（7月18日日記）

「兩個中國」的試探

3月，美國國務卿魯斯克（David D. Rusk）向駐美大使葉公超試探中華民國政府對「兩個中國」的接受程度。蔣中正接獲報告，痛心不已，「顯示其美國對華政策，先要求我在聯合國演成兩個中國，然後再演臺灣獨立國際化，而其明言我政府只能為臺灣地區之政權放棄大陸之主權，為我保存聯合國席次之條件，可痛可恥，無以復加。」（3月20日日記）「美國與中國皆有其立國原則與基本國策，故中國不願強美國之所難，而亦不願人之強我所難也，惟有各自為謀，再無他言。」（3月21日日記）「其

最後一語稱『中國不能盼美國政策亦建立於貴國政府重返大陸或代表大陸理論之上』，此其完全背反中美共同安全協定之原則，應力加駁斥與糾正其荒謬的政策也。」（3月25日日記）陳誠與葉公超、沈昌煥等人，討論有關聯合國代表權事。陳誠謂聯合國席位「緩議案」已難繼續運用。沈昌煥則指出：若接受美方「兩個中國」安排，之後臺灣問題國際化、臺灣共和國等論調將紛至而來。討論後，陳誠裁示，我方對「兩個中國」的擬議堅決反對，惟技術應付辦法由外交部繼續研究。[6] 蔣中正聲言「寧為玉碎與漢賊不並立，為立國傳統之精神。」「共匪席次通過之時，即我政府退出之日的決心，正告美國了解。」（3月26日日記）

　　4月4日，葉公超與魯斯克、主管國際事務國務助卿克利夫蘭（Harland Cleveland）等會談中國的聯合國代表權性質：「一則曰代表全中國之政府，二則曰承認內戰繼續存在，則中國將為各會員國拒絕於門外，又曰美國對此問題之負擔，亦不只為中國且亦係為美國本身利益，『但美殊不願為貴（中）國之附庸』，其意即為中國自動退出為自身計或無所顧惜，但均非美所願，且美仍將為聯合國之一員，對此自為聲譽上莫大之打擊，恐不能不為美本身考慮，而自為因應，此其不論我同意其所提建議否，復將

<hr>

6　〈沈昌煥呈蔣中正中國政府對我國在聯合國代表權問題之立場及陳誠與葉公超就聯合國中國代表權與兩個中國問題會談紀錄〉，《蔣中正總統文物》，國史館：002-080106-00020-007。緩議案是指聯合國大會第六屆常會（1951年11月13日）通過的泰國對中國代表權緩議案，決定大會第六屆常會在巴黎開會期間，不討論中國代表權問題。見王正華編，《中華民國與聯合國史料彙編—中國代表權》（臺北：國史館，2011），頁47-49。1960年聯合國大會第十五屆常會緩議案以八票險勝；1961年聯合國中國代表權由緩議案變更為重要問題案，是中國代表權關鍵性的改變，之後繼續保障中華民國在聯合國的席位達十年之久。

照其所定方針進行，而強我服從為其附庸最可痛惟甚。」（4月7日日記）本來該由外交部發表我國駁斥兩個中國謬論的嚴正聲明，蔣中正也決定改由政府代表中國全國名義發出，並增補一段我國為聯合國憲章與組織而犧牲的內容。

詹森訪華無結果

5月8日，甘迺迪來函重申，美國政府將繼續信守《中美共同防禦條約》以對付中共對臺灣的挑釁，沒有承認中共政權的意圖，美國政府將繼續反對中共政權進入聯合國，[7]並隨即派副總統詹森（Lyndon B. Johnson）於5月14日來華訪問。

蔣中正與詹森三度會談，「其對我政治與外交上表示積極援助，且其自動的保證我為中國之惟一合法政府一點，尤堪重視，以消除其對我『兩個中國』之疑竇。」「但其對我援助大陸人民反共革命發起時之反攻接應之基本問題，則其避而不答，仍無表示，是其並無消滅匪共助我復國之意念也。」「以美政府只有百餘日之經驗一語，以答我對美政府歷來對華懷疑我誠意與不信之表示不滿之意，其意何在，須加注意。總之，其最後自動所提公報稿大致滿意，乃其對匪共在東亞之禍源急迫，其已有警悟。此語是詹對我所提公報稿中所說，但最後以其國務院反對，故正式公報仍減去未提，可恥之至。」「余首提中美有關之大陸共匪與我人民反共待援之情勢，希望我中美與預有準備，應早作協商之問題，彼並不甚重視，實則為閃避不答乎。彼急於提商公報問題

7　〈美國總統甘迺迪函蔣中正重申美國政府將繼續信守中美兩國間之共同防禦條約以對付中共在臺灣地區之挑釁等譯文〉，《蔣經國總統文物》，國史館：005-010205-00043-003。

及對新聞記者會如何說話的宣傳問題，美國之對宣傳其特重至如此，令人慨歎不置，而其只談自己要談之事，至對方所要談者則略而不顧，此亦今後對美外交談話又增我經驗矣。但已說明我所要其了解之要旨，以為將來交涉伏筆有一根據，至其答與不答，則在所不計也。」（5月15日至16日日記）

詹森來華訪問，對中華民國並沒有重大的結果，而美國自己擬好的公報稿中，本來有「以中華民國政府為中國惟一合法政府」一句話，最後因為國務院反對，就刪除了，所以詹森此行可以說只是一種宣傳而已。

蔣中正檢討對美外交及對聯合國代表權的因應是，既然對美國提出「兩個中國」的試探不能有所改變，那麼就「只有專心從事於實施反攻登陸計畫，而對美外交乃可告一結束，不再存有何幻想」（6月26日日記）；「只有我立法院決議：『如共匪進入聯合國，我即宣布退出，決不能忠奸並立，以保全我國家主權，並準備隨時收復失土、拯救我大陸同胞之職責。』」（6月27日日記）

外蒙入聯再挑戰

1955年英、蘇協商新會員國入聯合國問題，因為中華民國使用否決權，讓外蒙古沒有辦法加入。時隔六年，外蒙古入聯問題再次浮現，美國態度曖昧不明，「代表史丁文生誘勸我棄權不投反對票，而蔣廷黻竟信之不疑，可嘆。」（4月22日日記）6月底，美國公開宣布與外蒙古交涉建交，並密派拉鐵摩爾（Owen Lattimore）至外蒙交涉，可知其對蒙政策早已決定。

7月，蔣中正應美國要求，派陳誠赴美訪問。「彼要求余派

最親信人員赴美協商，其意明指經國，余決派辭修代表政府與私人，以其為政治上負責當局耳。」（7月17日日記）8月，陳誠與甘迺迪、魯斯克商談外蒙古入聯及聯合國中國代表權時，美方希望我對外蒙古入聯採現實態度，以免喪失非洲各新興國家的支持，美國則可以暫時擱置與外蒙古建交。陳誠提出，外蒙古入聯事關重大，我國僅能在五票棄權之原則下同意棄權。魯斯克表示，美國認為中華民國的聯合國席位比較重要，不宜因外蒙古問題而導致中共取代我國的聯合國席位，因此美國將保留自由行動之權。

會後，中美發表聯合公報，內容大要為：兩國對已獲得獨立並符合聯合國憲章所定會員資格國家加入聯合國，予以支持。甘迺迪總統重申美國對中華民國在聯合國代表權強力支持等。在聯合公報中未明言對外蒙古問題的一致立場，表示中美雙方在此問題上仍僵持，彼此仍有歧見，不能說服對方。

面對如此結果，蔣中正決定將否決外蒙古加入聯合國的決心與政策理由，透過日本前首相岸信介間接向美國示意早作準備。至於魯斯克所言美國將在外蒙問題保留「自由行動之權」等語，蔣中正認為是「幼稚愚拙、無知識、無原則的一套遁辭。」（8月3日日記）

法語非洲的要脅

9月間，蔣中正最感困擾的就是外蒙古參加聯合國問題，因為蘇聯威脅法語非洲的十二國，以茅利塔尼亞入會，作為外蒙古入會的交換條件。「稱此次非洲法語十一國在馬國開其最高會議，成立『馬非』集團，即加入馬達卡斯卡，共為十二國，決議

『如我國否決外蒙入聯合國，以致其茅國為俄共所否決』，則該十二國對我絕決，不僅反對我在聯合國代表權而已。」（9 月 20 日日記）

但蔣中正不為所動，認為美國與法語非洲國家，不讓我國行使否決權的壓力，是國際上最後一次的考驗，「此乃我否決外蒙的前後各種重壓與包圍必然之勢也，余惟有貫徹其既定之政策，否決外蒙，並作最後撤退聯合國之準備」「最後勝利必屬於我公理與正義之一方，何足為憂。」（9 月 20 日日記）

在局勢僵持的情況下，連法國總統戴高樂（Charles de Gaulle）也出手了，致函表示了解中華民國政府反對外蒙進入聯合國之理由，但亦盼中華民國政府了解非洲法語國家態度為「茅利塔尼亞能進入聯合國，因進入聯合國為彼等新獲獨立的證明」。（10 月 2 日日記）

國家利益終須顧

面對各方壓力，基於國家利益與盟邦關係，蔣中正認真考慮放棄對外蒙古入聯案行使否決權，但要換取美國公開宣布將否決中共入聯。假使美國對我國的聯合國代表權只是發表不可信任、籠統的支持語言，那麼我國也就仁至義盡，仍照原定計畫，否決外蒙古。

蔣中正致電葉公超密洽美國國務院及白宮，若美方能公開保證以一切方法在聯合國維我排匪，必要時在安理會否決中共入聯，則我對外蒙古入會案不用否決權這件事，才有商量的餘

地。[8]「余對此乃不待其來電，決要求美國務院作阻止共匪加入聯合國使用一切方法，連使用否決權在內之聲明，則我對外蒙不使用否決問題方有考慮之餘地也。」（10月5日日記）

如果因為外蒙古入聯案，讓中美兩國關係惡化，也並不適宜。於是蔣中正希望甘迺迪可以了解事情的來龍去脈，在葉公超奉召返國述職之後，令蔣經國與克來因在正規外交途徑外，重啟中美對外蒙古入聯問題的溝通管道，並手擬對美商討解決外蒙古入聯案的方針：「甲、必須對我聯合國地位有一確實保證，美能於必要時使用其否決權之政策，對我作書面保證，則我對外蒙案不用否決權為最低之條件。乙、如其甘總統不作公開聲明，則由其國務卿代表政府作此聲明，亦可答其有難作公開聲明之苦衷，則至少要予我以書面（不公開）之保證，惟其甘總統仍須認我政府為中國惟一合法之政府，作公開之聲明也。」（10月13日日記）

10月16日，蔣中正接見克來因，表示美國應在外蒙古入聯不投贊成票，以彰顯中美兩國在對外蒙古問題上保持一致。17日，蔣中正召見美國駐華大使莊萊德（Everett F. Drumright），要求美國在安理會對外蒙古不投贊成票，並做書面保證。18日，莊萊德遞呈書面保證後，此一中美間的重大關鍵鬥爭，幾近半年，終告一段落。他電令沈昌煥說明變更原定否決外蒙古政策，與原有目的並不相背；「打破兩個中國陰影，確保聯合國席位，加強我國政府為代表中國之唯一合法政府地位」乃我國最大目的。否

---

8 〈蔣中正電葉公超密洽美國務院及白宮若美政府能公開保證以一切方法在聯合國維我排匪則我對蒙案不用否決權始可商量〉，《蔣中正總統文物》，國史館：002-090103-00001-041。

決外蒙事小，只可作為手段。[9]

國運的轉危為安

　　10 月 19 日，甘迺迪總統在華盛頓發表特別公開聲明，堅決反對中共參加聯合國或聯合國的任何機構。蔣中正認為，自 4 月開始，美國承認外蒙古與製造「兩個中國」的陰謀，在蔣經國與克來因的通力合作之下，使對美外交的失敗之局得以轉危為安，真是上帝保佑。

　　於是數月來中美之糾紛至此乃告一段落，「余仍以反對方式行之，惟不使用否決，此乃捨小全大，認為轉敗為勝、轉危為安之惟一樞機也。」（10 月 21 日後「上星期反省錄」）「立法院同意對外蒙政策後，無異如釋重負，心神頓覺輕快，三週來對外對內此一激烈轉變，終能達成所預期之目標，而且毫無缺失，不僅為平生奮鬥在政治上一件大事，而且國家民族安危存亡攸關之大事獲得如此解決，自覺欣幸為慰。」（10 月 25 日日記）

　　對於外蒙古入會案，在安理會中，中華民國沒有參加投票表決，一方面表示不承認其為一獨立國家，一方面表示保留我國不放棄主權之意。只是外蒙古因為我國未使用否決權而順利入會，蔣中正以為，「此乃俄共十五年來併吞外蒙政策之實現，我國惟有在此國恥重重、國土未復之際，以此勉勵全國同胞益加發憤圖

9　〈蔣中正電沈昌煥否決外蒙政策變更與中華民國原有目的並不相背確保聯合國席位加強中華民國政府為代表中國之唯一合法政府乃最大目的請與蔣廷黻合作〉，《蔣經國總統文物》，國史館：005-010100-00055-028；〈蔣中正電沈昌煥美國照中華民國要求澈底消除兩個中國之陰影鞏固中華民國在聯合國地位則中華民國對外蒙入會問題改變原訂計畫不作否決請與蔣廷黻密商呈報〉，《蔣經國總統文物》，國史館：005-010100-00055-029。

強，在冷酷嚴肅之中同仇敵愾，誓復失土湔雪恥辱也。」（10月
26日日記）同時也是「俄共對聯合國的破壞、與對我勒索之侵略
陰謀得逞的紀念，實為我政府十五年來為外蒙問題重受恥辱失敗
之結果，沉痛何如，惟由此開始，果能獲得反攻復國之成功，則
失之東隅乃可收之桑隅，未始不可為收復外蒙之基也。」（10月
28日後「上星期反省錄」）

葉公超黯然去職

在處理聯合國中國代表權案、外蒙古加入聯合國爭議等問
題上，駐美大使葉公超首當其衝，最後黯然去職。其原因揣測多
端，與蔣中正在外蒙入聯問題上持不同策略？據實傳達美國國務
卿魯斯克威脅蔣中正的言語？與外交部部長沈昌煥不和？私人談
話有「對元首不敬語氣」？從日記中觀察，以上原因皆有可能。

蔣中正在日記中批評、怒罵同輩罵人，司空見慣，若論1961
年被罵最兇的，非葉公超莫屬，類比吳國楨、秦檜、張邦昌，視
為寇讎，稱之為「葉奸」。

「葉某之奸猾言行當不出於我意想之中，而其對我之污辱，
其愚昧狂妄至此，殊出意外，好在發覺尚早，猶有準備之時間，
惟其投機成性，如政府勢力強固，彼當不敢叛變，但應切實戒
備，如我略有弱點予以可乘之隙，則其推波助瀾出賣國家，成為
吳逆第二，乃意中事。」（5月1日日記）

「除外有魯丑之壓迫以外，尚有內奸葉公超借外力以自重，
其對內欺詐恫嚇之外，且以其勾通白宮自誇，以壓迫政府依照其
主張解決外蒙入會問題，而對政府之政策置之不理，更不敢對美
提起政府之嚴正抗議，認為美國所不願者提出無益，徒增美國之

怒，對政府不斷侮辱，此其賣國漢奸之真相畢露，余認為秦檜、
張邦昌不是過也。」（9 月 30 日後「上月反省錄」）

10 月，蔣中正以葉公超「欺詐威脅的賣國媚外的心意畢露，
不勝痛憤，乃決令辭修電葉回國述職。」（10 月 9 日日記）認為
葉「再在美國，不惟無助於交涉，只有妨礙交涉，以其自定政策
壓制政府，獻媚於外，且必欲由其一手包辦，而決非執行其政府
之政策也，可痛極矣。」（10 月 11 日日記）

「以對美外交問題得能如此解決，不僅對外可以建信，更是
對內得以消萌耳，內奸葉逆自不敢撒狡抗命矣。」（10 月 20 日
日記）手諭陳誠「此人近年在美言行荒唐，人所共知，中亦向
不以為意。但最近發展之惡劣情勢，殊令人不可想像。」「此人
決不能再令其回美任職，否則其所能作惡者，無論對國家對政
府，必較吳國楨為尤甚也。故中擬暗示其自動辭職，以保留其自
新餘地。」[10]

1961 年 11 月 18 日葉公超離任，並不得返美交接，原擬留任
行政院顧問，後改任行政院政務委員職務，此後困居臺灣十六年。

小結

1961 年，蔣中正認真思考以推動軍事反攻大陸的動員與準
備，回應外交與國際地位上面臨巨大挑戰。在處理聯合國中國代
表權案、外蒙古加入聯合國爭議等問題方面，心力交瘁。二度出
任行政院院長的陳誠，在軍事反攻的軍費籌措方面，被質疑配合

10　〈蔣中正手諭陳誠擬令葉公超自動辭職〉，《陳誠副總統文物》，國史館：008-
　　010109-00001-009。

度不高，8 月初的訪美之行，沒有突出表現，而 10 月中旬外蒙古入聯問題決斷之際，卻因過勞引發肝疾，入院檢查、出院休養，甚至考慮請辭。反觀行政院政務委員蔣經國透過與克來因的非正式管道，在 3、4 月間處理滇緬國軍撤退、10 月間處理外蒙入聯，在關鍵時刻發揮關鍵性作用。「總統老了怎麼辦」聲中，接班人的天平似乎又更偏向蔣經國了。

1962／反攻、反攻、反攻大陸去

林孝庭
史丹佛大學胡佛研究所研究員兼東亞館藏部主任

美國轉變刺激

對 1949 年播遷來臺之後的中華民國政府而言，1962 年是一個軍事性格相當突出與明顯的年分。早在 1961 年初，美國民主黨的甘迺迪（John F. Kennedy）總統入主白宮之後，新的華府行政當局即有意改變對華政策，從過去十年來支持臺北代表全中國的堅定立場逐步鬆動，在處理滇緬國軍游擊隊、聯合國中國代表權案、外蒙古加入聯合國爭議、臺獨領導人廖文毅申請美國入境簽證等諸多事件，都讓中華民國政府高層感到焦慮與不滿。面對美國政府可能著手改變對華政策，蔣中正開始認真思考以推動軍事反攻大陸的動員與準備，作為回應中華民國在外交與國際地位上面臨巨大挑戰與危機的具體措施。

1961 年 4 月初，「國光作業室」於三峽悄然成立，正式展開擬定反攻大陸的軍事作戰計畫。同年 8 月間，美國駐臺北外交人員已開始注意到，中華民國政府突然在「反攻大陸」輿論宣傳上更加積極，只不過此刻美方尚無法分辨此一宣傳論調的轉變，究竟出於內部政治目的，抑或是認真的。當時序來到 1962 年之後，世人發現蔣中正欲發動軍事反攻大陸行動，態度確實是認真的。

經濟動員開始

　　1962 年 1 月 1 日，蔣中正在新年文告中除了昭示軍民「矢志光復大陸，決心拯救同胞，以挽救世界劫運，保衛人類自由」之外，更罕見地直陳「我們國軍對反攻作戰，已經有了充分的準備，隨時可以開始行動。」這番有關反攻大陸的確切聲明，配合當時新聞報章輿論大聲呼應應當向美方展開嚴正交涉，致力於修改《中美共同防禦條約》內容中有關限制國軍主動對大陸採取軍事行動的相關規定，引發海內外強烈關注。蔣中正在重新審閱《中美共同防禦條約》並考慮其對反攻行動之利害關係時，也認為此時可以嘗試與美方展開會談，並觀察對方反應如何，再行決定下一步。

　　然而此刻欲發動反攻大陸，卻有一個現實的問題必須謀求解決。易言之，以當時臺灣的財政預算、經濟條件與人力物資而言，最多只能維持反攻行動最初三至六個月之所需，若欲獲得最終之軍事勝利，以當時既有的政治與財經架構，顯然並不足夠。為此，自 1962 年初起，政府高層著手一系列政府組織機制調整與新財政決策之制定。2 月 22 日，國防部宣布成立戰地政務局，由時任總統府國防會議副祕書長蔣經國主持，負責籌畫反攻大陸後的政務與經濟重建業務。與此同時，有超過四千六百名福建籍民眾向政府登記接受訓練，以便日後進入光復後的福建省政府內服務。3 月 31 日，行政院宣布成立「經濟動員計劃委員會」，由行政院副院長王雲五兼主任委員，臺灣省主席周至柔、經濟部部長楊繼曾分別擔任副主任委員。此一新機制的主要任務，在於研擬各種戰時方案，協調政府各部會動員與整合全臺灣的經濟與人力資源，努力囤積與收購物資，作為發動反攻大陸行動時期所

用。而為因應反攻作戰開始之後該經濟動員計劃委員會業務能夠順利接軌，蔣中正特別下令時任交通部次長費驊與經濟部次長童致賢，前往北投復興崗的三軍聯合參謀大學陸軍戰爭學院密集受訓，準備兩岸開戰後分別接管該委員會戰時運輸與戰時物資囤積業務。

為籌措反攻大陸所需的財政來源，1962 年 4 月底，行政院院長陳誠召集全臺五十餘位工商界重量級人士，尋求其支持政府開徵新稅源，投入於軍事反攻行動，並呼籲全國工商界要能共體時艱，不要趁機操控或哄抬物價。此次會議取得共識之後，蔣中正於 4 月 30 日正式宣布政府將於翌日起開徵「國防臨時特別捐」，直至翌年 6 月底為止。國防臨時特別捐等於是在原有的名目繁多的政府「防衛捐」基礎上增加稅率（譬如所得稅、關稅、地價稅、電力與燃料稅等）與增加新項目（譬如貨物稅、屠宰稅、鹽稅、和隨鐵公路票價徵收等），政府預計在十四個月內，籌措六千萬美元額外稅收，使國家整體收入增加 3%，以備投入反攻大陸軍事開銷。不料此舉卻引來華府嚴重關切並提出抗議，令蔣中正感到憤怒不已，自記「美國務院對我國防捐提出嚴重抗議以外，又提其大陸共匪尚無崩潰跡象之讕調，以警告我不可反攻大陸也，可恥可痛」（5 月 5 日日記）。

外交斡旋不停

在外交層面、特別是中華民國與美國關係層面上，1962 年間兩國因反攻大陸所引發的爭議，確實已出現諸多不快，當華府知悉蔣中正對於反攻的態度是認真的，驚覺事態嚴重，於該年春天起派遣一連串重要官員前來臺北，企圖打消蔣中正的反攻念

頭。2月23日，美國國防部副助理部長彭岱（William Bundy）
與蔣中正晤談，根據美方檔案顯示，蔣中正希望美方知悉，他發
動反攻大陸軍事行動一定會遵守如下原則：

第一、臺北不會為難美國政府；

第二、臺北不會採取對臺灣與澎湖安全造成影響的舉動；

第三、臺北無意讓美方捲入與中國大陸之間的戰事，也無意讓美
　　　方負起任何外交與政治責任；

第四、臺北會把美國的國家利益納入其反攻大陸整體考量之中。

　　　蔣中正向彭岱強調，因為中、蘇共分裂，中國大陸經濟制度
失敗，以及中共對人民的控制已經崩潰，中華民國發動軍事反攻
大陸的時機已經成熟，同時聲稱，自1949年以來，中華民國為
了此刻的到來，已經備戰長達十三年，如今國軍士氣高昂，訓練
精實，中國大陸又正處於大躍進失敗所引發的三年飢荒最脆弱時
刻，他希望美方理解此點，不要讓中華民國的光復大陸的機會平
白流失。而蔣中正本人在日記裡則自記，他「與彭岱談我反攻大
陸的準備與理由，以及中、美與美、蘇的關係所及的影響，尤其
對世界人類安危與共產世界的消長的關係予以闡述」，他希望與
彭岱的這一番長談「或能發生相當影響」。（2月24日日記）

　　　然而美國政府顯然無法認同蔣中正此一觀點，從1962年3
月起，短短數週之內，華府接連派出國務院遠東國務助卿哈里曼
（W. Averell Harriman）、副助卿麥肯（John C. McCone）、東亞事
務局局長雅格（Joseph A. Yager）、情報研究處主任希斯曼（Roger
Hilsman）等官員，接連前來臺北，與中華民國政府高層進一步
溝通，曉以大義，希望最終迫使臺北打消反攻大陸計畫。然而在
不同場合裡，蔣中正依然不斷向來訪的美方官員闡述其決策因素

與開展軍事行動的必要性，同時爭取美方支持。4月間，華府突然宣布召回向來對中華民國政府立場持友善態度的原駐華大使莊萊德（Everett F. Drumright），改由專研兩棲作戰的美國前海軍上將柯克（Alan G. Kirk）使華。事後證明，甘迺迪此項外交人事布局的用意，在於利用與蔣中正屬於同一輩分的柯克，其對海軍作戰的專業分析能力，設法勸退反攻作戰的發動。

這波反攻大陸軍事準備行動態勢，到了1962年的6月間突然發生重大轉折。6月19日，臺、美雙方同時偵測到海峽對岸的中共解放軍部隊，大規模增援並進駐福州軍區，到了6月下旬福建省境內已經集結四十萬共軍地面部隊、近百艘海軍各式船艦，以及近三百架空軍戰機，此舉顯示中共內部已掌握蔣中正原本計畫6月底發動反攻登陸的情報訊息，因而做出必要的反制部署。面對臺海可能再度出現危機，華府高層於短短數日之內，採取一連串重要措施，以便拆解。6月22日，哈里曼與蘇聯駐美大使杜布里寧（Anatoly F. Dobrynin）會面，雙方坦誠討論臺海問題，美方希望透過杜布里寧傳話給蘇共領導人赫魯雪夫（Nikita Khrushchev），美方絕無意在目前情況下，支持或鼓勵蔣中正發起軍事行動，也相信蘇聯絕對不願因為中共與臺灣之間可能爆發的戰事，而在遠東地區被拖下水。隔日，美國駐波蘭大使卡伯特（John M. Cabot）利用華沙大使級會談管道，傳話給中共駐波蘭大使王炳南，稱他已獲華府充分授權，特別聲明美政府無意在目前情況下，支持臺灣發動反攻大陸軍事行動，他並重申未經美方同意，蔣中正不能片面發動軍事反攻行動。王炳南則答稱「中共犯臺」此一議題並不存在，問題在於蔣中正首先想反攻大陸。

美方理解北京無意挑起事端之後，6月27日，甘迺迪總統發表公開聲明，保證美國對金、馬外島地位的政策與立場毫無改變，但也重申美、臺之間協防條約與美國的軍事承諾，乃屬防禦性質，頗有呼應數日前卡伯特與王炳南會談時的談話重點。美政府既不願直接向中華民國政府明白坦承已在華沙傳話給中共，表明反對反攻大陸立場，又聽任中共片面將卡伯特對王炳南一番不支持反攻大陸的保證談話，向國際媒體輿論廣為流通，而不做任何公開澄清與反駁，徒讓臺北高層一陣心急焦慮，只能單方面否認美方曾經向中共提出如此保證，卻猜不透實情究竟為何。

軍事行動轉向

1962年7月初起，臺灣有關反攻大陸的輿論報導突然沉寂下來，報章不再大聲疾呼國軍應當把握當前機會反攻復國，而是改為強調應在政治、軍事與經濟上先有充分準備，以等待「適切時機的到來」。行政院院長陳誠在立法院接受質詢時也改變口徑，表示政府必須協調各方，嚴肅考慮政治、外交與經濟整體情勢，無法草率發動，因此並沒有一個軍事反攻的確切時間表。蔣中正對於美方因為共軍增援福建而採取的一連串外交防禦性舉措，以及華府單方面向中共傳達不支持其反攻政策的可能性，感到憂心忡忡。7月5日他接見美國新任大使柯克時，即表示這類謠言已經對臺灣民心打擊甚大，儘管如此，他仍透過柯克欲向甘迺迪總統傳達，華府「希望我不要對匪主動的行動，以及我們行動皆經雙方協商自無問題，總不使其為中國問題增憂也」，同時要求美方理解，「務使我政府能與美開誠合作的政策實現，則美必須使我能控制今後局勢不致失望」，認為「此種易地而處，彼此諒解

殊最要。」（7月5日日記）

　　面對中華民國政府日後對於「反攻大陸」議題的可能演變與發展，同時考量到維持國軍軍民士氣的重要性，美政府於8月8日向蔣中正提出一個新方案，既不承諾援助臺北發動反攻軍事行動，卻也不阻止中華民國政府日後在中國大陸上重新扮演關鍵角色的可能性，僅表示將進一步研究之後，再知會中華民國政府美國是否願意支持軍事反攻。而美方於此時同意撥交兩架足以載運二百名兵力的 C-123 運輸機供國軍使用，也作為華府同意臺灣向中國大陸發動小規模、非正規敵後空投滲透任務之表示。華府還向臺北提議，未來雙方推動成立一臨時任務編組，研究國軍兩棲作戰能力，作為日後接濟中國大陸地區反共抗暴運動所用，也應在軍事情報領域進一步合作，更精準掌握大陸內部動態，以避免誤判局勢，並具體承諾協助臺北於中國大陸建立敵後游擊組織，推動大陸地區的宣傳與心戰活動。美方希望以此能夠提供蔣中正一個下台階。這一連串新方案，於9月6日透過駐華大使柯克傳達給蔣中正，然而雙方晤談時氣氛卻明顯不佳，蔣自記「此次會談實為馬下兒侮辱中國以來，所未曾受過之外交使節對我最不友義之言詞，痛憤之餘仍極其忍耐之能也。」（9月6日日記）在徹底明白美政府此時無有可能支持中華民國反攻大陸之後，蔣中正氣憤之餘，只能訴諸情感與道德力量，自認「今後反攻大陸，拯救人民之決心，應以生死以之，成敗不顧，聽之於上帝，不能久任於外人，而以自主、自立、自動之精神出之。」（9月20日日記）

反攻大陸暫緩

不論如何，在美政府強大壓力之下，蔣中正確實只能暫時打消軍事反攻行動，而此一政策轉折也充分呈現在 1962 年下半年的各項政治場合之中。在該年雙十國慶文告中，蔣中正已不再如元旦時所稱可以隨時展開軍事行動，而僅指出「反攻作戰在武力上要做到以寡擊眾，在政治上要做到以眾擊寡」、大陸上的五億同胞「個個都是中共的敵人和反抗者」，蔣聲稱「惟有發揮人性和民族大義，對匪進行徹底性的打擊，才能獲得決定性的勝利」，言下之意，他已將推翻中共政權的目標，寄望於大陸百姓能夠揭竿起義，發起反共抗暴運動，為日後軍事反攻行動奠定堅實基礎。

在 11 月 12 日召開的中國國民黨八屆五中全會上，蔣中正在致詞中僅強調反攻復國的戰爭是革命的戰爭，革命黨員要做軍隊的前鋒和國民的後衛，必須實行革新精神，革新領導，犧牲奮鬥，來完成革命的任務，甚至主張以政治手段與三民主義來解決大陸問題，確實建設中華民國成為一個三民主義的新中國。

1962 年年終之際，蔣中正曾反覆考慮，欲致函給美國總統甘迺迪，在其日記裡，他寫下希望向甘迺迪傳達的兩點重要訊息如下：「甲、中、美今日應覽於十五年以來，對俄、對匪受其宣傳與離間之血的經驗，更應互信互助，而不致再有猜疑與不信之所為，以消滅此共同之敵人，乃為兩國之幸。乙、中國對友邦從無違約背信之事，況今後反攻軍事即無協防條約，亦必先預商美國之諒解與協助，方易告成。此乃一般之政治常識，而貴國在華之友人，乃軍事表現其疑慮，而且以互助條約為其遏制盟友對敵反攻之脅制的工具，殊非對其盟友合作互助之態度。」（12

月 22 日後「上星期反省錄」）這份函件，終因副總統陳誠對其內容態度頗有猶疑與保留，以及外交部部長沈昌煥提出不同意見，而未能於年底前順利寄發。儘管如此，從蔣中正的私人日記所載，吾人已可窺知，「反攻大陸」的軍事準備與動員，以及環繞在此議題所引發的諸多爭議，實為影響 1962 年臺灣政治、外交、經濟與社會的最主要特徵，並成為該年內盤踞在蔣中正心中一項最重要也最為困擾的決策與治國議題。

1963／山河破碎風飄絮

林孝庭

史丹佛大學胡佛研究所研究員兼東亞館藏部主任

阿里山上有神木　明年反攻回大陸

整體而言，1963 年的蔣中正總統，心理上念茲在茲的依然是有關反攻大陸的規畫與行動。在諸多國防、外交與軍事議題上，其決策與思維依然受到前一年（1962）軍事反攻未遂的餘波所影響。由於美國政府對於反攻大陸政策遲遲不願做出具體協助承諾，且堅決反對國軍向大陸實施大規模空投，因此中華民國政府於前一年秋天起，改以發動一連串敵後滲透游擊行動，設法誘發中國大陸內部的反共抗暴態勢，以向世人證明大陸民心確實已經出現變化，替反攻行動形塑有利的條件。蔣中正於 2 月 1 日主持國民黨八屆四二五次中常會時，即明白指出敵後游擊工作的開展，為大陸行動之試探性的成功，他還具體指示，對於共軍部署於第一線支民兵，應當盡量避免做為戰鬥的真目標，而是應當設法爭取歸向於我，同時在行動上，應特別注意沿海十至三十華里地區之情況與正規部隊之打擊，同時應當「詳告美方，使其了解非大量空投不能生效之事實」。（2 月 1 日日記）

自 1963 年初起，在蔣中正指示下，蔣經國所督導的情報單位發起一連串對大陸的游擊行動，國防部情報局首創「特種派遣」制度，以海、陸、空中突擊方式，設法打進大陸建立敵後地下組

織，甚至一度有意向友邦越南政府（西貢）租借西沙群島中的某一小島，作為滲透廣東、海南島突擊隊的補給據點。舉例而言，情報局在春天一口氣核定四項行動方案，包括海南島工作小組、突襲閩東地區的「太武小組」、滲透登陸福建沙埕港的「二〇一」小組、以及空降雲南邊區計畫，蔣中正曾在金門親自召見突襲廈門的游擊隊員，他當日自記「本日上午在防衛部召見兩棲偵察隊蒲羽清、張紹樑等七員，以彼等上月廿四夜突襲廈門島前埔地區，擊斃匪軍十餘名，而我兩名受傷，共計八員皆能安全返防也，故特加慰勉。」（5 月 21 日日記）直到 10 月間，國軍游擊隊還推出突襲山東與江蘇的兩項行動方案。與此同時，蔣中正在接受美國媒體記者專訪時也表示，中華民國突擊隊員以小股方式，正不斷地在夜間突擊大陸，炸毀橋梁與建築物，大陸上遍地都有游擊活動，目下我們所需要做的就是擴大這些行動，屆時突擊行動就可能擴大成為一次全面的攻擊。

　　然而蔣中正念茲在茲的，依然是美政府的態度。1 月間，他先後與美軍太平洋司令部司令費爾特（Harry D. Felt）與美國駐華大使柯克（Alan G. Kirk）展開會談，不斷強調大陸情況之惡劣與六億人民之悲慘生活，顯示本年實為反攻復國之最後時機，並認為此事乃中國之內政問題，收復領土，拯救人民之本身職責，他不打算牽涉美國，不使美軍參加戰爭，也不會損及美國信譽。

　　只不過美方阻止蔣中正反攻大陸的動作頻仍，除了華府重要官員透過媒體釋放不支持的訊息之外，4 月間，美總統甘迺迪致函蔣中正，明確表達不能同意中華民國政府於此時發動軍事反攻。在接獲此消息之後，蔣中正自記「此乃一年餘來交涉之結果，作其最後顯現其原形也。余之所以不怠再三試探者，亦望其

有此是與否之明白表示，使我能作自己之打算也。今既將彼此內心盡情說明，互相瞭解，則此心反得安定，而不必再有幻想矣，自認為此乃樂事而非惡耗也。今後更應盡其在我，積極準備，以自力造成其勢與忍耐待時矣。」（4月20日後「上星期反省錄」）

蔣中正雖自認今後不再對華府支持其反攻行動有不切實際幻想，然而他內心很清楚，若無美方支持，欲靠臺灣獨力實現反攻的可能性微乎其微，即便是自主發動的敵後游擊行動，也不斷遭遇挫折。6月底，他自記「上周我遊〔游〕擊隊八處前後海上滲透皆告成，但有六處已被其發現消滅，只有二處至今尚能存在也。」（6月29日後「上星期反省錄」）該年秋天，中共主動對外宣布，6月至10月間九批國軍游擊隊設法滲透大陸，皆遭殲滅，而主其事的蔣經國更私下坦承，「每次派出去的突擊隊，有如一隻放出去的鳥，都不知飛往何處，無論對自己的職務、責任以及良心而言，都是無法交代。」[1]

對美外交的挫折

美國政府除了在軍事上明確表態不支持中華民國政府的反攻大陸政策之外，在外交上對北京的態度也出現緩和跡象，此種態勢讓蔣中正內心感到高度不安，自記「自四月以至六月止，此三個月之間美國反對我反攻之政策，可謂已極其一切威脅利誘之能事，尤其在四月間甘乃第間接恫嚇之不正言行（四月十一日記事）更為可笑，且有不惜放棄臺灣與匪共和平相處之用意。」（6月30日後「上月反省錄」）蔣中正又注意到，當時美國國

1　「蔣經國日記」，1963年10月24日。

務院官員公開倡言應嘗試與中國大陸開展貿易關係，以及檢討對華政策，並進行內部辯論，「此皆履霜見冰之預兆，而其兩個中國之迷夢始終一貫，是其對中華民國一筆勾銷之政策決不改變，能不自勉自強乎。」（7 月 31 日後「上月反省錄」）

為了強化對美關係，蔣中正於 9 月間派其子、行政院政務委員蔣經國訪美，與華府高層進行面對面磋商，並設法說服甘迺迪總統，在不觸發世界大戰且不讓美國捲入戰端前提下，支持他發動局部空降登陸行動，誘發大陸內部反共抗暴運動，為日後全面反攻奠定基礎。然而美方高層顯然有備而來，在與蔣經國晤談時，甘迺迪總統先詢問近來國軍實施突襲行動成果如何，蔣經國坦言不算成功，但已達到干擾效果，美總統並不滿意，進一步質問為何中華民國政府相信局部空降計畫能有成功的機會，他要蔣經國拿出具體情報，證明此方案將可獲得大陸百姓支持，甘迺迪並以美國在古巴豬玀灣行動失利為例，勸說中華民國政府應能先掌握更多精準情報，以確保所提之軍事行動方案能夠切合實際。蔣中正對於蔣經國此次美國之行的總結，自記「總之美甚怕在此一年以內引起大戰，故在此期內必不贊成我反攻軍事正規之行動也，此為經國訪美所察知之大要也。」（9 月 19 日日記）

對日邦交的插曲

除了對美外交屢生挫折之外，1963 年間中華民國與日本的邦交也出現嚴重事端。8 月間日本首相池田勇人內閣以「政經分離」原則，批准向中國大陸出售倉敷縲縈公司一座人造纖維廠，並透過日本官方進出口銀行向中共提供兩百萬美元融資貸款。此舉引發蔣中正嚴重不滿，自記「應以余名義電吉田茂設法阻止，

以免除中、日兩民族再種百世不解仇恨之惡因，措辭特加嚴厲以警告之，至其效果如何則在所不計，惟可作為我復國成功後中、日歷史，再與日人一教訓之憑證而已。」（8月23日日記）

幾在同時，池田勇人首相接受美國媒體專訪時，公開聲稱反攻大陸政策，毫無事實根據，近乎幻想，引起蔣中正的憤怒。9月底，他自記「月中以日本池田加我國無知的侮辱，為痛心所致乃予以指斥，彼以強辯卸責，惟不能阻其與匪貿易為痛。」（9月30日後「上月反省錄」）

為了表達對日本政府的抗議，蔣中正召回駐日大使張厲生，檢討對日政策，雖經中華民國政府不斷向日本提出抗議，然11月9日中共與日本仍簽署《中日長期貿易綜合協定》。屋漏偏逢連夜雨，該年10月初，中共油壓機械考察團前往日本參訪期間，其團員周鴻慶突然前往蘇聯駐日大使館請求政治庇護，蘇聯將其移送日方處理，中華民國政府要求日本政府尊重周鴻慶個人意志，讓他前往臺灣，不料11月初，日方聲言將把周鴻慶遣返大陸，蔣中正聞後悲憤異常，指示外交部部長沈昌煥轉達日方，此事處理不當後果之嚴重，並警告對方稱「如果將周解回大陸，乃是將我人民謀害生命無異，則其在臺之日本人民，吾人以群情憤激之時，無法將每個日人派警保護，萬一有何事件發生，殊難負責，望日注意。」（11月6日日記）此案拖延至1964年初，日本終究決定遣返周鴻慶返回中國大陸，而中華民國與日本的關係也跌入谷底。

越南盟友遭推翻

1963年間，國際上有兩件重要的友邦遇害事件，讓蔣中正高

度關切。一是中華民國堅實反共盟邦越南共和國總統吳廷琰遭該國軍方政變推翻並殺害，令蔣深感悲痛。該年 5 月間，越南境內佛教徒發起一系列抗議活動，加以越南軍隊士氣低落浮動，美國政府對吳廷琰政權態度冷淡，遂導致越南政局趨於不穩。11 月 1 日，越南軍隊發動政變，進攻吳廷琰總統辦公處獨立宮，叛軍最初並未尋獲吳廷琰，後來已逃匿他處的吳廷琰與其胞弟吳廷瑈獲得軍方承諾其人身安全之後，同意投降，然而吳氏兄弟被捕後，在被押往一處軍事基地途中，遭叛軍在裝甲車內槍殺。由於政變最初所傳出來的消息是吳氏兄弟乃自殺身亡，蔣中正第一時間得知後，反應悲痛，自記「昨（一）日越南軍隊叛變，此乃由美國指使所演成甚明，美國之幼稚與不智之行動殊為寒心。」（11 月 2 日日記）翌日又寫道「本晨朝課後，與經國談吳廷琰兄弟自殺以後，不知美國對越南如何解決，而對亞洲反共受美援各國以及自由世界對美國所發生悲憤心理與惡劣之影響，其後果又將如何，特別對於越南軍隊如何維持軍心而不受共黨滲透矣。」（11 月 3 日日記）

蔣中正心中認定越南軍方乃是受到美政府暗中鼓勵而大膽發動政變，因而有感而發，認為對於越南情勢「美國似乎毫不計及，而以達到其推翻吳廷琰目的為其得意之作乎，不禁為之寒心，吾心如何能再不決心自立反攻，以待他人之宰割乎，不勝為吳廷琰悲痛吞聲，私願盡力負責，以安慰其英靈而使其不死也。」（11 月 3 日日記）

美國總統也遇刺

令蔣中正大感意外的是，就在越南軍事政變落幕僅短短三

週時間，美國總統甘迺迪也在德州達拉斯遇刺身亡。在第一時間接獲此重大訊息之後，蔣中正特令各級政府機關與學校降半旗致哀三天，並特派駐美大使蔣廷黻為特使，出席甘迺迪葬禮。他在日記裡寫道對此刺殺事件的第一反應與看法稱，「本晨五時接甘乃迪被刺身亡之報，不勝驚異，第一感覺以為黑人關係居多，以其被刺地點為南方德克塞斯州也，乃即起床，接昌煥部長電話稱兇手被捕，是為主張對古巴公道委員會主席後，又電稱此兇手為前曾自稱為共產黨者，此則非黑白種族關係矣。」（11 月 23 日日記）

對於世界第一強國美國竟然發生兇手行刺國家元首的重大意外事件，且在短短兩天後，被捕的兇手竟然在光天化日下又被另一名槍手開槍殺害，蔣不禁感慨「刺甘乃迪兇手起解時被狙擊死亡，槍手亦已被捕，此非俄共之預謀，必不能有如此周密的滅口之計畫。由於此案發展，其凡妄想親俄容共者，必將寒心戒懼乎，從此美俄關係與國際變局必將急轉直下而莫能禦也。吾人對反攻復國之準備與世界之變局如何處理，應有急起直追之措施也。」（11 月 25 日日記）

黨統繼承的齟齬

在黨政議題上，1963 年 11 月間召開的中國國民黨第九次全國代表大會，意外引發蔣中正與其副手陳誠之間的不快。6 月，副總統兼行政院院長陳誠以健康因素，向蔣中正請辭行政院院長兼職，另派賢能接替，然不被接受。為了政局穩定，蔣中正只允許陳誠短期休養，院務交由副院長王雲五代理。到了 7 月底，陳誠又以病體尚未痊癒為由，向蔣中正續假兩個月，獲得手諭同意。

　　11 月 12 日，國民黨舉行九全大會，陳誠與二百多位黨政文武官員皆出席，大會於 22 日閉幕之前，必須選出新一屆中央委員、中央評議委員與副總裁等，此時陳誠主張在推選總裁後，次日即選出副總裁，而蔣中正則主張先選出全體中央委員之後，再選出副總裁。陳誠認為如此產生副總裁，是在中央委員中產生，沒有黨的副領袖高於一等之尊敬，又或許擔心中央委員得票數不夠高，有損顏面，加上兩人對於中央委員候選人提名人選名單意見頗有出入，因而感到極度不快。投票前夕蔣經國即自記，「陳副總統為選舉事，仍感不快，而我亦以此為憂，萬一有不識大體者，在選中委時不投陳的票，使其不能得全票或以最高票數當選，則必將使父親受到困擾，且將影響今後之黨內團結，故約國棟、化行、李煥、純鑑等，指示此次選舉中委時，軍方、救國團以及敵後代表務必識大體，人人都要投陳一票，並硬性規定，凡中央幹校學生為代表者，都不許投我的票，此乃我惟一可以採取之辦法，以求內部之團結，但以仍不知結果如何為念。」[2]

　　22 日九全大會閉幕前夕的選舉結果，蔣經國與其所支持的政戰系統王昇、江國棟等人獲得極高票數，加上陳誠得票不如預期，翌日陳誠立即向蔣中正提出辭去行政院院長兼職。此刻蔣中正忍無可忍，決心同意陳誠辭去行政院院長一職，並由財政部部長嚴家淦取而代之。他自記「接辭修辭職密函，以其最近心理病態如狂自大，會前各種刁難特予容忍，而在大會期中對余提商名單竟致〔置〕之不理的態度，至此再難忍受，只有准其辭去行政院長，否則必將使之公私兩敗。召見岳軍轉示此意。」（11 月

2　「蔣經國日記」，1963 年 11 月 19 日。

23 日日記）

　　然而接下來數日，陳誠去職一事卻又出現一番波折，據蔣中正自記，當總統府祕書長張羣向陳誠傳達蔣已同意其辭去行政院院長兼職之後，陳誠事實上並無辭意，蔣在得知此事後，反益堅定准其辭職之立場，並私下批評陳誠，認為他「最近患得患失與損公不誠之言行與態度的表現，純為自私之私字所蔽而已，可嘆。」（11 月 30 日日記）甚至從張羣得知陳誠曾私下勸嚴家淦不要接任行政院院長：「與嶽談行政院長問題，辭修尚勸嚴金〔靜〕波不要幹，但嚴已遵令不辭，乃決以嚴為行政院長也。」（12 月 1 日日記）

　　政府高層改組一事至此已確定下來，然而蔣中正與陳誠之間的不快，從此難再有迴旋之餘地，對於這位追隨他近四十年的副手，蔣中正在年末之際對其曾有一番評價。蔣中正感慨「此次辭修言行與辭職結果在對余來說，乃為培養與領導無效，是平生最大打擊之一，亦為黨國之不幸也。」（12 月 25 日日記）

　　而蔣中正的 1963 年，就在這樣一種對副手抑鬱不快的心境之下，畫下一個句點。

1964／內外正統性的維繫

林孝庭

史丹佛大學胡佛研究所研究員兼東亞館藏部主任

變局與挑戰

　　1964 年對蔣中正而言，是一個非常具有挑戰性的一年。回顧歷史，中華民國政府於 1949 年底於風雨飄搖之中倉皇播遷來臺之後，經歷十餘年的耕耘，到了 1960 年代之後，可說已經處在一個相對穩定的黃金時期。拜東、西方冷戰對抗之賜，臺北在國際上代表全中國的正當性，獲得以美國為首全球反共陣營的支持；內政上，在威權體制運作下，國民黨領導人打著「國安」的大旗，對民間社會維持著有效的統治，反對勢力的聲音在臺灣島內幾乎銷聲匿跡；經濟上，自 1960 年代起，臺灣的經濟體質從以農產品出口為大宗逐步發展轉型成為輕工業，以出口成長來帶動經濟成長。而社會開始富裕起來的一個直接後果，是 1965 年春天美國政府決定終止對臺經援，而這段時期臺灣也從相對閉鎖的經濟格局逐步跨進更廣闊的全球經濟圈之一部分。然而就在 1964 這一年，卻也有許多重大事件接連發生，並對中華民國政府在臺往後的治理格局，帶來深遠影響。

繼續代表全中國？

　　1964 年新年伊始，蔣中正首先面對的是來自外交方面的嚴峻

挑戰，日本首相池田勇人於 1960 年上任之後，致力於修正與解決已陷入矛盾困境的對華政策，欲藉由國際社會壓力來迫使臺北放棄對中國大陸主權之要求，逐步向「一中一臺」政策傾斜，並尋求在不犧牲臺日關係前提下，打開日本與中國大陸的交往之門。前一年夏天，日本內閣以「政經分離」原則批准向中共出售倉敷縲縈公司一座人造纖維廠，並透過日本官方進出口銀行向中共提供二百萬美元融資貸款，接著中共油壓機械考察團前往日本訪問時，團員周鴻慶脫隊逃往蘇聯大使館尋求政治庇護未果，遭日方拘留，當周鴻慶表達希望投奔臺灣時，卻遭日本政府以「於法無據」為由而拒之。臺北對於池田內閣一連串不友善的舉措，憤怒異常，蔣中正甚至召回駐日大使張厲生，以表示最嚴重之抗議。1964 年初，日本政府正式宣布將把周鴻慶遣返中國大陸，消息傳到臺北，蔣中正除召回駐日公使張伯謹之外，並批准張厲生請辭大使職務，同時下令公營事業禁止採購日貨與暫停兩國之間的官方貿易，民間社會也出現抵制日貨運動，並發生抗議群眾衝入日本大使館等事件。直到 2 月下旬，日本前首相吉田茂前來臺灣與蔣中正會晤，檢討亞洲反共局勢，認為欲謀求東亞地區的和平與安定，必須增加臺、日之間彼此瞭解與真誠合作，雙方共同發表《吉田書簡》，日本重申支持中華民國政府，彼此之間的緊張關係才獲得緩解。

就在周鴻慶於 1 月 14 日遭日本遣返中國大陸的同一天，蔣中正接獲來自美國的情報消息，稱法國總統戴高樂（Charles de Gaulle）準備承認中共，這不啻是外交上另一個沉重打擊。當時華府情報顯示戴高樂已決定與北京建交，並將在該月底對外宣布，只不過戴高樂尚不願接受中、法建交必須與臺北斷交的條件，除

非臺北主動與法國斷交。美國總統詹森（Lyndon B. Johnson）得知此訊息後甚感氣憤，認為法政府不顧美國全球利益，高唱「戴高樂主義」以展現外交獨立自主，並與華府抗衡。國務院立即向臺北施壓，要求審慎考慮聯合國內法語系非洲國家動態，不可冒進與巴黎斷交，並要克制內部反法言論與行動，利用臺、法尚未斷交的模糊狀態，考驗北京是否會與法國互派大使。蔣中正認定美方這番籲請乃執意推動「兩個中國」政策，簡直無法忍受。

　　美國政府為了規勸中華民國政府不要主動與法國斷交，派遣曾於 1958 年至 1962 年間擔任中央情報局駐臺北站站長、時任副局長的克萊恩（Ray S. Cline）親自出馬，希望利用他與兩蔣父子建立的深厚情誼，對臺北高層曉以大義。克萊恩告蔣中正應與巴黎周旋到底，讓戴高樂負起背信之責，不要貿然宣布斷交。蔣中正很清楚美國正在依其自身利益而提出要求，並非真心顧及中華民國立場，然最後仍勉強同意聽從建議，並未在臺北時間 27 日晚上戴高樂宣布與中共建交時主動斷交，僅抗議法政府嚴重損害中華民國權益，違反聯合國憲章基本精神。此一「雙重承認」狀態持續兩星期，直到 2 月 10 日戴高樂訓令法國大使館代辦薩萊德（Pierre Salade）轉告中華民國政府，告以一旦北京派遣之大使抵達巴黎後，法政府將視其為唯一代表中國，屆時將不再承認來自臺北的大使，蔣中正認定法方此舉足以昭告世人，戴高樂必須承擔斷交之責，同時也可向華府表達自己已盡最大努力配合美方政策，遂於當晚宣布與法斷交。

　　臺、日與臺、法外交風波所突顯的一個重要意涵，在於中華民國政府遷臺以來，拜全球冷戰對峙之勢所得以維繫之「代表全中國」正統地位，到了此時已出現結構性危機，歐美與亞洲主

要國家對於國際社會排除北京的參與角色，已出現強烈質疑的聲浪。此後短短不到兩年間，中國大陸發生文化大革命並自陷孤立，讓中華民國的國際生存空間有了一段喘息機會，也讓外交上嚴酷挑戰的來臨，又拖延了數年之久。儘管如此，發生本年初的這兩起外交事件，似已預示中華民國的外交逆流，終將無可避免。

人心浮動與失敗主義的蔓生

外交與內政乃一體兩面，當中華民國的外交接連發生危機之時，臺灣內部的民心士氣肯定也將出現浮躁與不安。1964 年 1 月 21 日清晨，新竹湖口陸軍裝甲兵第一師進行年度裝備檢查，裝甲兵副司令趙志華在對受檢部隊訓話時，突然言辭激烈攻擊政府，聲稱政府沒有能力處理外交問題，日本與法國爭相討好中共，國家陷於孤立，且軍方高級將領貪腐嚴重，蔣中正總統已被小人包圍，必須「清君側」云云，接著他要官兵隨他出發前往臺北去清掃「總統身邊的壞人」，以保護「總統與國家的利益」。趙志華發言之後，遭到反應機靈的裝甲兵政戰人員當場制伏，部隊隨後遭接管，整起事件最後在趙志華遭到逮捕之後落幕。蔣中正得知此事迅速弭平之後，自記「裝甲兵第一師之裝備檢查，幸未為趙逆志華所煽動，以此考驗我軍之基礎堅強，而亦上帝保佑所致也。」（1 月 25 日後「上星期反省錄」）

湖口事件乃趙志華不滿時政之個人舉措，然其所透露出來的一個深層意義，在於中華民國政府遷臺近十五年之後，到了 1964 年之際，國軍部隊在震耳欲聾的「反攻大陸」國策之下，已難以繼續維持在高度備戰狀態，久而久之，內部紀律必然逐漸鬆弛敗壞，士氣低落。鑒於當時全臺一千二百萬民眾之中，外省

籍人士僅有一百五十萬，而真正渴望光復大陸的甚至只有那數百名軍政官員，如何讓一支本省人已占多數的國軍部隊，繼續相信反攻大陸乃為其最優先目標，已非容易之事。

冷戰時期美國所採取之策略，在於利用臺灣作為圍堵亞洲共產主義蔓延的前哨站，同時極力避免捲入臺海戰事。在此情況下，蔣中正欲片面發動反攻行動成功的機會極為渺茫，而讓「反攻大陸」神聖使命成為一場毫無實現可能之夢的關鍵因素，則是 1964 年秋天中共成功進行首次核試爆。早在 1958 年臺海危機發生時，美政府曾威脅要以核武對付中共，這讓北京當局深刻體認到自主研發核武的迫切性，不久之後中共正式啟動原子彈研製計畫，以位於北京的核武器研究所為大本營，從理論設計、中子物理、放射化學、結構設計與引爆控制系統等各方面，加緊進行研發工作。隨著國際社會對於中共核武研發進程的高度關注，由空軍 U-2 高空偵察機「黑貓中隊」所執行的中國大陸空中偵察行動，成了西方國家情蒐中共核武設施與裝備地點的重要來源。1963 年夏天，「黑貓中隊」所拍攝取得中共在西安、包頭與蘭州等地的核武設備照片，更成為美政府研判北京核武進程的最直接證據來源。中華民國政府曾與美方討論利用適當的手段與途徑，「移除或破壞」中共核武相關設備，然而華府意識到欲以激烈手段阻止中共發展核武，已不切實際。

1964 年 10 月 16 日下午 3 時，中共首枚原子彈於新疆羅布泊地區成功試爆的消息傳出後，舉世震驚，儘管武器性能如何以及核當量多寡，仍有待進一步驗證，然不論如何，蔣中正第一時間悲觀地認定北京日後將可「以此作為恫嚇亞非國家與對所謂不結盟國家之投機者大施宣傳，自將發生重大影響」，除擔心將對

聯合國席次保衛戰帶來不利影響之外，也害怕臺灣民心士氣受到沉重打擊，因而指示「應設法宣傳，以免被共匪反宣傳而生疑懼之心理而已」（10 月 17 日日記）。

從臺北角度觀之，一個立即且直接的疑慮是美政府今後對於臺海局勢所持的態度將發生何種變化，一旦北京決定使用原子彈「解放」臺灣，美國是否依然願意信守協防承諾，為了臺灣安全不惜與中共進行核戰？

11 月，臺北有兩個重要集會同時進行，一是亞洲反共聯盟會議，二是中國國民黨建黨七十周年紀念與二中全會的召開。然而受到中共成功核試爆之影響，政壇上下皆瀰漫一股濃厚的失敗主義氣氛，時任國防部部長的蔣經國自記：「今年十月可稱之為不吉之月，在國內有金門小艇之叛逃，雙十國慶飛機之失事，楊傳廣之失敗，以及馬晴山在日本之叛變，在國際上有英國工黨之勝利以及大陸上共匪之核子試爆，以上諸事對民心士氣皆有不利之影響，即以我個人而言，在情緒上因受到不斷的刺激而覺得痛苦與緊張，吾人生於此一時代，必須要有非常堅強的意志，否則幾乎一天亦活不下去。我希望國運從此好轉，但是亦要準備來忍受各種遠超過於過去之種種刺激。」[1]

對此種悲觀消沉感受最為直接者，莫過於蔣中正總統本人，為了準備兩場會議的講詞，他費盡心神，「尤其在此人心萎靡與反攻失望之悲觀氣氛下，更使竭盡心力，加以挽救頹勢，振奮人心。」（11 月 28 日後「上星期反省錄」）回顧歷史，中共核試爆成功，可謂中華民國軍事上的一個重要分水嶺，此事件之發展，

1　「蔣經國日記」，1964 年 11 月 2 日。

讓蔣中正反攻大陸的最高國策，終究成為一場沒有可能實現的美夢。

主義、領袖、國家

1964 年中華民國政府在外交與軍事上的一連串沉重打擊，讓民心士氣跌至谷底。美國中央情報局一份分析報告裡即指出，法國外交轉向、湖口兵變與中共核試爆成功，除了對政府當局聲望與政治正當性受到嚴重打擊，未來臺灣如果發生更大不幸事件，諸如蔣中正去世、臺北退出聯合國與軍隊再次出現兵變等，都將導致臺灣內部政局出現不穩定，誘發廣大臺灣本省籍民眾之怨憤，最終導致共產黨勢力對臺灣的滲透。

面對臺灣來自各方的嚴重挑戰，部分本省籍有志之士不惜冒著威權統治下可能帶來的牢獄之災，已在醞釀提倡變革。其中受國民黨刻意栽培、曾是國立臺灣大學史上最年輕正教授與系主任、獲得「十大傑出青年」榮銜的臺籍菁英彭明敏，與他的學生謝聰敏、魏廷朝在思索臺灣困境與未來出路後，決定發表《台灣人民自救運動宣言》，主張一千二百萬人民不願接受共產黨統治，而蔣中正既不能代表中國，又不能代表臺灣，甚至不能代表國民黨，他們呼籲本省與外省人團結一致，共同建設一個新國家，成立新政府，實行真正的民主政治，重新申請加入聯合國。並與所有愛好和平的國家建交。

《台灣人民自救運動宣言》的出現讓政府權力正當性的敏感議題搬上了檯面，掀開了臺灣島內省籍問題的潘朵拉盒，並鼓舞日後海外臺灣獨立運動，可謂影響深遠。

然而即便是在體制內可操控的政治活動，也讓國民黨倍感挫

折。1964 年 4 月 26 日的縣市長選舉，無黨籍高玉樹意外以十九萬一千餘票，擊敗國民黨候選人周百鍊的十七萬六千餘票，取得臺北市市長寶座，蔣中正得知結果之後心情沉重，自記「臺北市長選舉高玉樹當選，周百鍊落選，更使人愁悶，以臺藉〔籍〕人士仍多存地方偏見為憂。又以內地人窮困，對政府發生反感，此乃反攻延期之故為多。」（4 月 26 日日記）

崇高聲望的打擊

此外，尚有一件「家務事」的發生，讓蔣中正心緒不寧，亟待有效解決。2 月，臺北高層透過來自美國的訊息得知，1920 年代曾與蔣同居七年的陳潔如，在定居香港的李蔭生、李時敏兩兄弟代筆協助下，完成一部四百二十五頁、十餘萬字的英文回憶錄手稿，並已於該年初和美國商人簽約，準備於四個月內出版這部回憶錄。蔣中正與陳潔如同居，時在 1920 年至 1927 年，後來蔣中正與宋美齡在上海結婚，事前瞞著陳潔如，要陳潔如前往美國留學以提高她的文化水準，並應允五年後接她返國，恢復兩人的婚姻關係，對她永不遺棄，結果陳潔如赴美後不久，蔣中正即在宋美齡家人要求下於報紙刊登啟事，宣稱與陳潔如毫無任何婚姻契約關係，作為聯姻之前提條件。1949 年後陳潔如留在上海，1961 年在中共總理周恩來批准下，移居香港。而李蔭生與李時敏來自澳洲華僑富商家族，曾資助孫中山革命，據聞李時敏早年曾經擔任過蔣中正的英文教師，對蔣早年放浪形骸的私生活相當熟知，無怪乎蔣中正得知陳潔如在李時敏協助下準備出版回憶錄，內心焦慮萬分，心神不佳，自記「有某要在美國出書對我家謗毀之所為，此又一不測之隱痛，惟其事在卅五年以前雖捏造

誣謗，亦不致遭受重大影響，此乃共匪屢年來無所不至的卑劣陰謀之一小插，只有置之不理而已。」（2月27日日記）

為應付此事，蔣中正透過其子蔣經國指示外交部部長沈昌煥電令駐美大使館，欲透過駐外館處交涉兩種可能之解決辦法，一是向出版商收買回憶錄版權，使之無法在社會上流通，二是以「毀謗友邦元首」為理由，請美政府「取締」該書。與此同時，海外媒體得知陳潔如有意出版回憶錄的消息之後，開始跟進報導，內容不乏蔣中正當年如何對陳潔如始亂終棄，以及娶宋美齡的政治動機等等。在當時的時空背景下，此類有關蔣中正私生活的負面描述，乃是前所未見，對於其在海外廣大華人社會的崇高聲望造成不小傷害，蔣的內心煩悶懊惱至極，痛批李時敏「恩將仇報，殊為心痛，但事先大意，未能從早處理安置，演成不測之變化，但亦惟有依法處理而已。」（4月30日後「上月反省錄」）

兩蔣父子與幕僚人員經過一番磋商之後，認為阻止陳潔如出書一事無法循官方渠道解決，因而決定改由陳立夫與孔令侃以私人身分來處理，儘管如此，兩人皆向蔣建議，根本解決之計仍在於臺北派人前往香港，與陳潔如當面溝通此事。鑒於該案遲遲無法解決，蔣中正心情惡劣至極，表示將不再直接過問此事，以免他聽了諸多報告之後使他「刺激不能受」（5月7日日記）。

蔣中正既不願再面對這樁陳年往事，處理此案的重擔自然落在蔣經國身上，然而在陳立夫與孔令侃提出解決途徑（即派員赴香港見陳潔如）之後近半年時間，此案卻陷入膠著，美國出版商雖未立即讓回憶錄問世，臺北派人前往香港的提議卻也得不到對方回應，直到1964年秋天情況才有所進展。律師江一平奉命前往香港與陳潔如、李時敏見面並謀求解決之道，並帶著陳潔如開

出的條件，於 11 月 19 日回到臺北，至於條件內容為何，兩蔣在日記裡皆未詳載。根據陳立夫晚年回憶，孔令侃替蔣家支付十五萬美元給陳潔如，陳潔如則簽字具結保證不會出版回憶錄，還讓江一平把書稿以及蔣中正早年寫給她的多封情書一併攜回臺北。此案於 1964 年前前後後鬧了將近一年，最終如兩蔣父子所願，沒有讓陳潔如的書出版問世，不過一份原本即已在美國境內的回憶錄英文打字稿，卻於多年之後輾轉由美國史丹佛大學胡佛研究所檔案館收藏，並於 1990 年出版，此時距離蔣中正離世已超過十五年，蔣經國也已在兩年前去世。

小結

1949 年以後蔣中正「民族救星」與偉人形象的塑造，在於維繫國民黨在臺統治與權力正當性，然而本年陳潔如回憶錄案的發生，充分顯示威權時代蔣中正神聖形象之塑造與維持，乃是需要付出極其昂貴的代價，一旦威權褪色，民主潮流之風吹起，此種形象之崩潰也必將更加徹底。

1965／無從實現的反攻夢

林孝庭
史丹佛大學胡佛研究所研究員兼東亞館藏部主任

對蔣中正而言，1965 年一整年的主要工作重心有兩大項，一是反攻大陸準備，二是處理對美外交，此兩大工作重點彼此相互牽連，又同時受到越南戰爭局勢演變所影響。該年內與中共之間兩次海戰的失利受挫，導致蔣中正理解到國軍兩棲作戰能力的不足。而美國自前一年夏天「東京灣事件」發生後，決定擴大越南戰事並對北越加強轟炸行動，此舉雖然強化中華民國作為美軍在越戰場上前哨基地的重要性，卻也在無形之中造成華府軍事援助臺灣的排擠效應，同時對於蔣中正所提出的任何軍事反攻計畫，都無從答允承諾。當 1965 年走到盡頭，中華民國政府反攻大陸的最高目標也走到尾聲，以軍事力量回到中國大陸，終究成為蔣中正無從實現的夢想。

越戰帶來的反攻曙光

自 1965 年春天起，蔣中正即注意到越南戰事逐漸升高，該年 2 月間，美軍在越南中部波來古（Pleiku）的軍事基地遭到北越攻擊，華府隨即下令向北越發動首次報復性轟炸。2 月 20 日他接見美國駐華大使賴特（Jerald Wright）並聽取美方對於越戰局勢簡報，此時越南政府剛發生一場流產政變，美方對越南內部政

局變化正密切關注，華府對於中華民國究竟應在越南戰場上扮演
何種角色，也仍在評估之中。然而此刻蔣中正心中已有一個大的
戰略目標，即是將反攻大陸行動與越戰局勢緊密結合，讓其反攻
行動成為美國在亞太地區整體安全與戰略思考下的重要一環，他
自記「越南問題美政府無法解決，彼之固定政策為始終排我參加
越戰，以防共匪藉口，但其客觀形勢所迫，總有一日，非我反攻
大陸或參加越戰，不能解決東南亞共亂之事實為必然之理。美之
排我，其果能持久不改乎。」（2月20日後「上星期反省錄」）

4月下旬，美國總統詹森（Lyndon B. Johnson）特使洛奇
（Henry C. Lodge）前往臺北，聽取中華民國政府高層對於越戰
局勢的看法，蔣中正向美方強調整個越南問題的根源在北京，並
積極表明國軍願意投入切斷中共對北越補給線的行動，洛奇並未
代表美方做出任何具體答覆，然而蔣中正私下觀察，認為美軍對
北越每日不斷大規模轟炸，效果甚微，研判從5月開始，南越進
入雨季，「自五月至七月間必為越共猛攻美軍之最好時期，其成
敗之結果，究與我反攻計畫與行動的關係發生如何影響，必須鄭
重考慮。」（4月24日後「上星期反省錄」）

蔣中正正在等待一個向華府當局提出反攻大陸結合越戰的
最佳時機，而這個時機很快就到來。該年7月24日，一架美軍
F-4C 戰機遭北越擊落，憤怒的詹森總統決定提高駐越美軍人數
至十二萬五千人。兩天後，詹森致函蔣中正，除告知美軍增兵越
南的決定之外，還提出中華民國擴大協助南越政府的請求，蔣中
正於7月29日函覆美總統，在信中他強調「本人深信，欲保證
共產主義之毒瘤性之生長不致吞噬亞洲，防止亞洲各國臣服於共
黨，並在越南達成和平解決，必須首先認定解決亞洲一切不安與

混亂問題之鎖鑰，不在越南疆域之內，而在中國問題之中。」兩天後蔣又二度致函詹森總統，並再次重申解決亞洲一切混亂與不安的鎖鑰，係在中國大陸而不在越南。

蔣中正主觀認定向美方提出軍事反攻的時機已近成熟，決定派遣時任國防部部長的蔣經國訪美，向華府推銷一套代號名為「大火炬五號」（Great Torch Five）的收復中國西南五省計畫，其具體構想如下：「一、西南收復之兵力總數為三十個師，另加陸戰隊與戰車部隊各兩個師及空降師一個師。二、對美交涉不言反攻大陸，而只認為協助美國解決越戰之總方針。三、解決越戰必須截斷北越後方之接濟路線的西南五省。四、解決西南五省必須先佔領五省樞紐之廣州。五、廣州占領後，迅即進佔南寧，統一兩廣為平定西南之基礎。六、由兩廣進取湘桂前線，即由長沙經桂柳至貴陽。七、佔領貴陽後，主力進取昆明，並相機進佔重慶，以貴陽為川滇黔三省之樞紐也。八、照上計畫佔領長沙、貴陽與重慶之線，乃可切實掌握西南五省而保障東南亞之安全矣。」（11月1日日記）

蔣中正自認完美的收復西南與解決越南問題的宏大構想，卻遭到美方冷回應。9月22日，蔣經國抵達華府進行一連串拜會，在與詹森總統晤談時，他傳達了父親希望雙方共同努力尋求對抗中共的戰略目標的強烈訊息，然而美總統並無積極反應，僅重申美國的越南政策，並感謝中華民國對越南政府的經濟與技術援助。當蔣經國與美國國防部部長麥納瑪拉（Robert McNamara）會談並詳細介紹「大火炬五號」內容時，麥納瑪拉卻反問蔣，有何證據顯示只要國軍登陸中國西南，當地百姓即會揭竿而起並積極配合？蔣經國答稱西南五省當地反共力量最強，蔣中正總統所

享有的威望最高，且中共在該地區的軍事力量最弱，麥納瑪拉最後雖同意對此計畫進行全面評估，然而此刻華府已陷入中南半島的泥淖之中，對臺北提議態度冷淡，蔣經國本人已心裡有數。果不其然，1966 年 1 月下旬，美國駐華大使館代辦恆安石（Arthur W. Hummel Jr.）奉命向蔣經國正式轉告美方無法支持「大火炬五號」的訊息，僅委婉表示待日後時機更加成熟時，美方願意重新檢視考慮此計畫，回顧歷史，此一「大火炬五號」成為中華民國政府最後一次正式向美方提出的軍事反攻行動方案。

兩場海戰澆熄反攻火花

美國政府因逐步升高越南戰事，不願在臺海開啟戰端，因而對蔣中正所提光復西南中國五省行動方案反應冷淡，實可理解。然事實上 1965 年間臺灣海峽所發生的兩次海戰，國軍受到重創，已替武力反攻大陸的宏大目標寫下一個休止符。該年整個夏天期間，蔣中正不斷設想反攻備戰，實現反攻大陸結合越戰的戰略目標，他不但動員三軍進行各項演練，還擬定一套登陸廣東作戰計畫，以陸軍總司令劉安祺為反攻軍總司令，甚至於 8 月初邀請時任美國中央情報局副局長的克萊恩（Ray S. Cline）來臺一晤，主動告知他希望反攻大陸的急切心情，尋求美方諒解。蔣自認「心力已盡，今後惟有說明我反攻的決心與對美利害而已」（8 月 1 日日記），甚至要克萊恩轉達華府高層，中華民國政府的反攻行動「不希望美國公開贊成，亦不希望美事前有所承諾，而只希望其諒解我國求生存、求自由之迫切心情而已」（8 月 3 日日記）。

然而就在克萊恩離開臺灣短短三天內，卻發生一起令蔣中正震驚與悲痛的嚴重軍事挫折。8 月 5 日深夜，海軍劍門、章江兩

艘軍艦執行代號為「海嘯一號」的作戰任務，祕密運送特種部隊前往大陸沿海福建等地區進行偵察。6 日凌晨時分，兩艦於東山島外海遭遇中共艦艇並發生海戰，遭到擊沉，艦上共計約二百名官兵殉職。蔣中正對此事件之發生，有詳細之記載：「聽海軍劉廣凱報告今晨在東山西南角匪艇與我劍門、章江號接戰，章江號電信已不通，劍門號猶在通電，而我空海偵察，海上有一艘小艇追擊兩艘大艦，因黎總長預令空軍，不得其命令不准轟炸，故未能對小艇投彈。余即認此小艇為匪之魚雷快艇，如我空軍當時對此艇投彈，至少可阻止其向我艦追擊，則我兩艦自可得救安全也，而黎竟限制其轟炸，疏為可痛。」（8 月 6 日日記）顯見國軍海、空軍協調出現極大失誤，而兩棲作戰能力之不足，亦表露無遺，更重要的是，此次戰役中所犧牲的二百餘名官兵，皆是國軍十年來儲訓難得之人才，如今痛失如此多條海軍官兵寶貴的性命，蔣自承「當此反攻在即之際，忽遭此不測之變，不僅海軍士氣無法維持，即三軍反攻高昂之士氣，亦必將因此而動搖，此為最大所及之影響也，奈何。」（8 月 7 日日記）

　　擔任國防部長的蔣經國內心同樣感到悲戚，他觀察到自從「八六海戰」失利後，三軍官兵心理已發生極大變化，出現巨大陰影，他有感而發，感慨值此國家多難之際，而黨政軍各級幹部依然麻木不仁，只顧爭權奪利，「如此政治環境，實在不知如何了。」[1] 在極端沮喪不安情緒下，蔣經國對於即將啟程訪美的各項議題，根本提不起勁來準備，甚至臨出發前即已顯露出他對於推銷父親收復西南五省方案將無法取得成果的悲觀心理：「反攻

1　「蔣經國日記」，1965 年 8 月 18 日。

行動如純以軍事力量為之，而不與政治、外交與謀略相配合，確實難以達成任務。多少年來，對此一問題思之再思之，以無良策為苦。」[2]

11月14日清晨3時許，國軍兩艘軍艦在烏坵附近海域又與共軍遭遇，雙方發生海戰，遭共軍突襲，其中海軍臨淮艦被擊沉，造成八十餘名官兵陣亡，對蔣中正又一次帶來沉重的打擊。他自記「此役仍為我軍電報洩密，被敵作有計畫之圍擊，乃為人事不臧所致耳。」（11月14日日記）蔣經國的壓力更是空前巨大，身為國防部部長，他必須一肩扛起全部責任，並直言「八六海戰血的教訓未被海軍接受，仍是鬆懈如昔，長此下去如何得了？自己在精神上的負擔，實在太重了，日來憂煩異常，明知如此情緒對事有大害，但無法轉變，苦哉此心！」[3]

國軍在「八六」與烏坵海戰遭受重創後，讓蔣中正原本對反攻備戰的積極態度轉趨冷淡。該年12月30日，參謀總長黎玉璽在主持國防精簡會議時，宣布已奉總統核定，自1966年3月1日起裁撤為反攻大陸而設立之「戰地政務局」與「動員局」等單位，「國光作業室」也進行縮編，誠如蔣中正自記，這兩次海戰所遭受的損失，讓他「自知我將領之無知與無能，此乃引起我反攻行動不得不延期與重新整訓之動機，及其原因之一也。」（12月31日後「全年反省錄」）

2　「蔣經國日記」，1965年9月10日。

3　「蔣經國日記」，1965年11月16日。

外交事務憂心忡忡

在處理對美外交事務上，1965 年蔣中正除於 9 月間派遣蔣經國訪美溝通反攻議題之外，在稍早的 8 月 22 日，也安排蔣夫人宋美齡前往美國進行私人訪問，宋美齡此行，在於「為反攻復國與爭取軍援問題而毅然負起此一重責，而作此行。」還稱宋美齡「臨行之際，彼稱為國、為家、為丈夫，乃作此最後一次之努力，至於成敗利鈍，非所計也。」蔣中正原本所設想的策略，在於將宋美齡設定為增進臺、美關係的一張「最後王牌」，不料宋美齡在外甥孔令侃積極慫恿下，未經美國國務院事先同意，即於 9 月 8 日逕自從紐約前往華府，拜訪白宮與國會山莊，並與詹森總統、國務卿魯斯克（Dean Rusk）等美方政府高層晤面，由於美行政部門對於宋美齡的來訪事先並無充裕準備，且對於宋美齡在國會山莊受到熱烈歡迎而頗感不滿，導致宋美齡在白宮接受茶點款待時，詹森總統態度冷淡，未能達到蔣中正原本所設想的效果。蔣中正心神抑鬱，除去電宋美齡告誡其對孔令侃過分信任而不知其短處所在，同時也致函孔令侃，痛斥其招搖誤國、對政治幼稚以及鋒芒外顯。

11 月間一年一度的聯合國大會上有關中國代表權提案的投票，雖然在程序問題上，「重要問題案」以五十六票對四十七票獲得通過，然而接下來對於北京入會案的投票，贊成與反對者各得四十七票，蔣中正對此結果感到不滿與憂心，認為中共「雖未能進入聯合國，但其票數相等，實不能不說是最至危險的境地」。中國代表權案在聯合國的驚險過關，是「美國在國際聲望上最重大之打擊，不知其果能警覺，如仍持其原來限制我反攻大陸之一貫政策不變，則其聯合國形勢，且將每況愈下矣。尤其近

日在越戰之慘敗教訓，更應有所覺悟。」（11 月 18 日日記）

　　冷戰高峰時期中華民國與美國之間成為最堅實盟邦，然而兩方政府高層決策者對於許多重要議題的分歧看法，顯然無法有效彌合，越南戰事升高、反攻大陸準備與對美外交，構成了 1965年蔣中正心中念茲在茲的幾大重要決策核心議題，這一年內兩國之間諸多協商以及在臺海地區所發生的事端，對中華民國政府皆帶來深遠影響。蔣中正欲將反攻行動與越南戰事緊密結合的構想，對於已開始陷入越戰泥淖的美國總統詹森而言，根本無法接受，隨著美政府投入龐大資源於中南半島，華府對臺灣的防衛承諾也開始捉襟見肘，而「八六」與烏坵兩場海戰的慘痛傷亡，也讓蔣中正逐步放棄武力反攻的企圖心，將原本積極策劃「自力主動反攻」之戰略，調整為利用外在情勢發展而「待機反攻」。

　　誠如蔣中正本人在該年年終的反省錄所自記，「對反攻之得失成敗，自不能不作重新之研討，決不能如過去之急於冒險、獨當其衝，以作孤注之舉」（12 月 31 日後「全年反省錄」）。

1966／一動不如一靜？

任育德

國防大學通識教育中心副教授＊

　　1966 年，蔣中正接近八十歲，外賓對他印象是「看起來年長，不過很健康，臉色紅潤，顯然還具有自主能力」。[1] 但美國也開始預測「後蔣（中正）時代」的可能政局發展，視臺灣人遭到排除於中央政治參與之外為臺灣政治的根本問題，但積極看待臺灣人、外省人是否願意在經濟發展下尋求共同利益——安定，因此形成的新平衡關係。[2] 在蔣中正控制下，他持續觀察亞洲局勢、內部發展，關注自己和蔣經國的健康，待機而動。

副總統人事布局

　　蔣中正掌控統御權力而不放手。第三任總統任期屆滿，繼續援引《動員戡亂時期臨時條款》「動員戡亂時期，總統副總統得連選連任，不受憲法第四十七條連任一次之限制」規定，由中國

＊　本文僅為作者個人學術觀點及分析，不代表機構觀點及立場。

1　"Telegram from the White House Situation Room to President Johnson in Texas", Washington, 2 January 1966, 1745z. in *Foreign Relations of United States, 1964-1968*, Volume XXX, China (Washington: United States Government Printing Office, 1998), p. 239.

2　"Study Prepared by the Special State-Defense Study Group", Washington, June 1966. in *FRUS, 1964-1968*, Volume XXX, China, p. 338.

國民黨提名競選第四任總統，並經國民大會投票當選，以行政院院長嚴家淦為副總統。嚴家淦在當選副總統後，一度依例提出行政院總辭，獲得慰留，即持續兼任行政院院長，至 1972 年 6 月 1 日始由行政院副院長蔣經國擔任行政院院長。嚴家淦在國民大會票選副總統，國防部部長蔣經國立即電告宋美齡「以……今國大會議出席代表一四一六人，嚴院長以七八二票當選為副總統。謹聞。敬請福安。兒經國謹稟。三月廿二日。」[3] 嚴家淦成為中華民國行憲以來第一位文人副總統。這可以說是 1965 年以來中央權力布局標誌的尾聲。

這波權力布局，可透過 1965 年 1 月間人事安排見端倪。當時國防部部長俞大維、經濟部部長楊繼曾、教育部部長黃季陸調動，特別是由蔣經國接任國防部部長。聯合勤務總司令部總司令賴名湯就注意到人事面具有接班序的政治意義，也表達服務蔣中正、陳誠多時者對晚輩蔣經國的憂慮：「這證明經國是在接替陳副總統的地位，同時也表示，他是將來繼承總統的人。主阿！為了國家，這可能是最好的安排，但是希望祢給他智慧，讓他做人做事都不是憑意氣，達到公平正義的目的，看起來教育部長也將是經國的人。」[4] 甚且賴名湯猜測，副總統將由嚴家淦出任，蔣經國組閣，「因為他對外是比較年輕和又是財政家，而對

3　〈電陳嚴家淦當選為副總統〉，1966 年 3 月 22 日，周美華、蕭李居編，《蔣經國書信集——與宋美齡往來函電》（臺北：國史館，2009），上冊，頁 285。按宋美齡於 1965 年 8 月 22 日啟程赴美「為反攻復國及爭取軍援問題」盡力，呂芳上主編，《蔣中正先生年譜長編》（臺北：國史館、國立中正紀念堂管理處、財團法人中正文教基金會，2015），第 12 冊，頁 202。

4　賴名湯著，葉惠芬、林秋敏、周美華編輯校訂，《賴名湯日記 I 民國五十二～五十五年》（臺北：國史館，2016），頁 343，1965 年 1 月 12 日。

內是聽說又沒有野心，但院長就是經國了。而實際上，他就是總統的繼承人，而這就反攻言，可能是一件好事。」[5] 1966 年 3 月又有「時勢造英雄」，現在到了非他不可的地步觀察。[6] 由此顯示，權力布局大致方向已定，細節則有不同，就是蔣經國並未在 1966 年即出任行政院院長。

在表明副總統人選原則時，蔣中正曾與蔣經國談話，表示：「至副總統候選人，務望推舉七十歲以下與六十歲以上之同志，俾能繼起負擔今後復國之重任也。」（3 月 10 日日記）之後，他表示「本黨三中全會如期完成，推選總統候選人之後，由余推選副總統候選人，考慮數月，仍以不顧一切黨政軍的資歷與情面關係，「排除黨中過去失敗的舊歷」，乃即提名嚴家淦為候選人。」（3 月 12 日後「本星期預定工作課目」）此一人事原則宣示，自是將有意參選的總統府祕書長張羣排除於外。當時國民黨中央會議全會氣氛微妙，王世杰觀察到「到會諸人對于嚴之風節，有頗致疑慮者。」[7]

權力人事問題，加上國大會議討論設置動員戡亂委員會與否問題，使會議情形顯得複雜。如王世杰曾參與擬定議案初稿文字，但眼見國民黨谷鳳翔、谷正綱等人所擬黨版提案稿，對其憲法素養不以為然，「甚贊成增選自由區之立法及監察委員」，不贊同以修改臨時條款處理「設置動員戡亂委員會之議」，因此拒

5　賴名湯著，葉惠芬、林秋敏、周美華編輯校訂，《賴名湯日記 I 民國五十二～五十五年》，頁 390，1965 年 4 月 20 日。

6　賴名湯著，葉惠芬、林秋敏、周美華編輯校訂，《賴名湯日記 I 民國五十二～五十五年》，頁 538，1966 年 3 月 5 日上星期反省錄。

7　王世杰原著，林美莉編輯校訂，《王世杰日記》（臺北：中央研究院近代史研究所，2012），下冊，頁 1114，1966 年 3 月 10 日。

絕連署黨部提案。最終，會議通過臨時條款修正版本「文字已較原案大有修削」。[8] 蔣中正於反對聲浪，視為「反黨分子之從中造謠挑撥，幾乎掀起浪潮，此乃為不測之事。於是運用全力，使得於週末最後通過，此實關乎今後行政效率與反攻計畫之成敗的重大關鍵。」（3月19日後「上星期反省錄」）這也是增添蔣中正個人思慮，以行政效率凌駕以及規避法律權力監督邏輯的呈現實例。

第四任正副總統選舉及其後

　　1966 年第四任副總統選舉，此次總統、副總統候選人都只有一人，沒有實質競選，王世杰認為「故雖具隆重選舉形式，實則連競選之形式都不具備」。[9] 在此情況下，嚴家淦得票結果仍不及前人，讓蔣中正不悅，但也是順利在第一次投票當選：「結果得悉只過半數以上，僅多卅餘票，頗為懊喪，本意要得千票以上為預期之標準，但既已當選，亦無足為介意。惟本黨黨員品行墮落，多懷自私，所謀不隨〔遂〕，乃竟不顧大體如此為悲。」（3月22日日記）即考慮「行政院長由嚴兼任」。3月25日晚，「與靜波談行政院長暫由其兼任，並指示其新政府成立後必須有一新氣象與新作為，以一新內外耳目也。」（3月26日日記）交代事妥，蔣中正再接受「新式機械未能適用」之尿道例行手術，[10]

8　王世杰原著，林美莉編輯校訂，《王世杰日記》，下冊，頁 1114、1116，1966 年 3 月 14、19 日。

9　王世杰原著，林美莉編輯校訂，《王世杰日記》，下冊，頁 1116，1966 年 3 月 22 日。

10　〈電陳國民大會已開幕及父親例行手術經過良好〉，1966 年 3 月 26 日，周美華、蕭李居編，《蔣經國書信集──與宋美齡往來函電》，上冊，頁

並進行術後休養，顯然是比較安心的時間排程。3月底寫作反省錄時，蔣中正情緒相對平穩，如是表述：「提嚴為副總統之決心，雖遭一般自私分子之不滿，毅然行之，其當選票雖出於意料之外的少數，但亦竟能於過半數，由第一次選出為慰。」（3月31日後「上月反省錄」）

5月30日，蔣中正以國民大會祕書長「谷正綱在國民大會中對選舉副總統事，反對本黨政策與決議，不願執行貫澈政策，以致影響選票，應負重大責任」，要使其「自反自覺，不限於自絕之境，故決明令撤職以平公憤」。（5月30日日記）國大祕書長改由郭澄擔任。蔣並撰擬「柔和勸導」函大要，5日完稿。

蔣中正針對行政院人事調整結果，看法顯然是一動不如一靜：「此次內政、外交二長更調雖未得人望，但亦未有不良影響」（5月28日後「上星期反省錄」）。蔣經國也告知宋美齡、副院長黃少谷、外交部部長魏道明、內政部部長徐慶鍾、政務委員徐柏園異動，餘均留任之人事案。[11] 賴名湯的觀察，注意到政府為安排蔣經國順利接班，在培養蔣經國的同時，也在求變與安定中有所兩難：「其實除了外交和內政外，可以說沒有什麼變更，而且重要的都是年齡在六、七十歲以上，但總統強調新速實簡的重要，且責成新的內閣要完成這個使命。我想以這樣的一批

286。手術醫生名為「巴爾」，手術後，另由美國泌尿科醫生奈斯畢（日記中記為奈斯別鐵 Reed M. Nesbit）進行其他部位檢查。

11 〈電陳國民黨中常會通過黃少谷繼任行政院副院長魏道名為愛交部長等〉，1966年5月27日，周美華、蕭李居編，《蔣經國書信集——與宋美齡往來函電》，上冊，頁294。沈昌煥以「狹心症」健康理由，堅辭外交部部長職務。王世杰原著，林美莉編輯校訂，《王世杰日記》，下冊，頁1122，1966年5月19日。

人，要達成新任務、創造新的風氣，實在是一疑問，也許政府口
中雖在不斷的叫革新，但內心還是以安定為第一，很多人過於害
怕內部的不安定。」[12]

　　而若從蔣中正 1966 年有關「整建陸軍從頭做起之決心與工
作……此為我八十之年方能真正建軍之開始，而由經國實行，引
為一生之幸事，其時雖晚，尚能及身親見也。」（10 月 31 日後
「上月反省錄」）這的確也再次確認蔣經國受到蔣中正刻意培養
之現實。

萬千糾結 USA

　　蔣中正與美國之間糾結多年，他堅持中共勢力必須遭到清
除。在外賓眼裡，他一如預料地關注美國在越南的動作，強調中
共才是亞洲安全最大的威脅。[13] 而蔣中正一方自記「余未說明越
戰乃為共匪之間接戰爭之陰謀一點，自認為缺憾。」（1 月 1 日
日記）總體言之，如同前國防部長俞大維所言：「雖然我們不
一定相信美國，但在此兩極國際政治時代，只有緊緊的拉住美
國。」[14] 蔣中正的思慮也如是。

　　蔣中正籌劃 1965 年西南五省反攻計畫，在美國參議院召開
越戰與中共問題聽證會後，自認受到破壞而告終，是其自認「本
年工作最大之打擊」。再次，1966 年美國總統詹森（Lyndon B.

12　賴名湯著，葉惠芬、林秋敏、周美華編輯校訂，《賴名湯日記 I 民國五十
　　二～五十五年》，頁 571-572，1965 年 5 月 28 日。

13　"Telegram from the White House Situation Room to President Johnson in Texas",
　　Washington, 2 January 1966, 1745z. in *FRUS, 1964-1968*, Volume XXX, China, p. 238.

14　賴名湯著，葉惠芬、林秋敏、周美華編輯校訂，《賴名湯日記 I 民國五十
　　二～五十五年》，頁 554，1966 年 4 月 16 日。

Johnson）為美國參與越南軍事作戰規模擴大問題，曾正式、非
正式探求中華民國國軍參加越戰，蔣中正也有其考量，在日記中
屢有所思。

一個未明說的理由或許也可見俞大維的觀察：「越共能打，
不要吃虧和恐有逃兵逃入匪區。」[15] 越共和中共一樣以游擊戰略
行動，加以美軍無法分辨越共和非戰越南平民差異，都是美軍在
有形作戰之外的具體劣勢。對職業軍人而言，在戰爭時期越南部
隊每週六、週日放假，有家眷的每天還回家，在看成是法國人遺
緒之時，也不免視之為「笑話」。[16]

召集馬尼拉七國會議，中華民國未獲受邀出席。蔣中正在 9 月
間曾召集外交部長等人開會商討對策，在 9 月反省錄即稱，在政
工團、情報人員、通信人員以及運輸機、登陸艇實際參戰時，仍
和日本一樣遭美國排除於會議之外，視為「污辱」。其自評顯示
蔣中正尊嚴受損之情緒反彈，從「欺善怕惡」、「不道無義之帝
國主義者」用字顯示激憤，再轉念想到政權「自我存在」之重
要：「此一污辱乃為詹生之愚昧無知、孤意妄行，不僅將中、美
百年來之友義與歷史毀棄之裂痕永難補救，而其欺善怕惡、媚匪
賣華之劣性乃完全暴露，而使我乃澈底覺悟美國之淺薄醜陋，不
道無義之帝國主義者，絕不可再與之切交也。此舉對我而言，實
為受了一個寶貴之教訓，更使我除自立自強之外，再無其他生存
之道，不惟無所損害而實為最大之收穫，只要我國人能以此奮勉

---

15 賴名湯著，葉惠芬、林秋敏、周美華編輯校訂，《賴名湯日記 I 民國五十
二～五十五年》，頁 554，1966 年 4 月 16 日。

16 賴名湯著，葉惠芬、林秋敏、周美華編輯校訂，《賴名湯日記 I 民國五十
二～五十五年》，頁 588，1966 年 7 月 5 日。按當日軍事會談由國防部次長
張國英進行訪越之行考察報告。

知恥，自求自助，則幾矣。」（9 月 30 日後「上月反省錄」）

冷戰價值保臺灣

　　我們看到蔣中正宣洩情緒言詞之外，也知道美國逐步忽略臺灣防務而表美國讓中華民國「自生自滅」之憂心。中共持續進行核試爆增強核武力，更加重他的不安全感，在這些脈絡下就重視並且加強加速中科院籌辦核武研發方案，林孝庭就有關議題已有相關專文介紹，可供參考。[17] 因此，現實上臺灣和美國之間的軍事同盟如何穩定強化，以確保臺灣安全，「示弱」角度下的「出言提醒」以獲得美國保證、緩解不安全感，也就成為蔣中正的例行對外「功課」之一。我們從他和美國國務卿魯斯克（Dean Rusk）會談時，仍不忘提出臺灣作為美國軍事利用基地之地緣價值，魯斯克則在報告中提及，他注意到蔣「提出中共對臺發動核攻擊」的可能威脅，而魯斯克以不評論嚴肅而可能超乎現實的事回應，也希望不要跳入到蔣所說的結論，因為那意謂發動以摧毀核發射裝置為目標的第一波攻擊。[18] 從雙方各自不同重點記載顯示，蔣在外交行事之規模，嘗試道德訴求動員外，試圖以現實及理性相繼支撐，以促進美國投注軍事資源及力量確保臺灣。

17　林孝庭，《台海・冷戰・蔣介石：解密檔案中消失的台灣史 1949-1988》（臺北：聯經出版，2015），頁 307-348。

18　"Telegram from Secretary of State Rusk to the Department of State", Saigon, December 10, 1966. in *FRUS, 1964-1968*, Volume XXX, China, pp. 489-490.

文化大革命慘案

蔣中正關注中共政權的權力鬥爭，特別是 1966 年 5 月起爆發了為期十年的「文化大革命」。在每個月反省錄都有相關中共政情發展研判記載，他看到中共權力鬥爭的激化發展。蔣中正歸納為毛澤東下野之後，「其心並不甘服，故至今七年之中，對其內部黨政軍警之權力鬥爭並無一日停止，而以黨與軍為重點。」「此次五月以來，文化革命之爆發，是其一個總的歸結而已。此其間新仇舊恨、刻骨痛心，只有拼死到底，斷無妥協之可能。」（12 月 31 日後「全年反省錄」）

在軍事部分，毛澤東、林彪聯手，對抗劉少奇、鄧小平態勢，也受蔣中正注意。毛澤東以紅衛兵為憑藉，蔣中正也認為其囂張態勢「非堅強施暴力量，無法收拾。」軍權在其中所扮演的角色，顯然是軍人出身的蔣中正特別關注在心。

當然，我們也注意到，蔣中正在注意到江青權力崛起時，看待其與林彪之間權力爭奪為「宮廷鬥爭」。在 1966 年總反省錄時，也注意江青藉由擁毛而權力崛起，認為將加速中共政權崩潰：「毛妻江青牝雞司晨之現實當權，其滅亡更速矣。」（12 月 31 日後「全年反省錄」）在今日性別平權意識提升下檢視用詞，自有性別意識「政治不正確」之嫌疑。蔣中正對「牝雞司晨」為何反應強烈？或許是一耐人尋味的問題。另一方面，本屬「無權者」憑藉「有權者」信任取得權力，「藉勢藉端」進而濫用權力，本身就是值得統治者戒慎恐懼且避免的殷鑑之一。

儘管蔣中正與妻子宋美齡此時仍在慶祝結婚三十九年紀念日，讓蔣想起「當結婚時正我下野，革命遭受危機最大之難關，今日與前比較雖未下野，而卻退守臺灣，其反攻待時之心緒，則

正當時在滬相同也。」（12 月 1 日日記）如果從蔣中正姻親孔氏家族曾經引發的社會風波，甚且成為中共陳伯達撰寫宣傳性書籍「四大家族」的針對對象，1966 年間，當蔣中正聆聽來臺為宋美齡賀壽的孔令侃報告一小時後，會感覺「甚為疲困。帶武孫車遊山上，至後公園觀花解悶。」（3 月 1 日日記）或許可見端倪。

蔣中正在 8 月反省錄，見紅衛兵現象時，曾書寫「其所謂文化大革命者，乃是澈底消滅我國原有文化，一場觸及人們靈魂的大慘案。」紅衛兵作為「比之拳匪為尤甚……此為我民族與文化空前未有之浩劫與恥辱……」（8 月 31 日後「上月反省錄」）這剛好成為接下來蔣中正對青年演講主題之一，如參見〈對第五屆遠東區童子軍會議致詞〉（1966.10.12），就將童子軍「仁愛、互助、行善」價值和中國傳統文化相接，也稱紅衛兵持「仇恨、恐怖、對立」價值，二者是對立不相容。[19]

中華文化的復興

中華文化如何以具體形式，讓臺灣的中華民國國民看見？具有特色的北方宮廷式建築成為蔣中正心目中的表達形式之一。從 1965 年起，政府開始在陽明山起造中山樓，蔣中正在 1966 年從 3 月到 10 月間也出現密集視察工地建築、指示建築師修澤蘭在日記記載；甚且在 10 月 26 日宋美齡返國，到機場接機後即帶宋美齡視察中山樓建築工程，11 月 12 日啟用後也不定時和宋美齡指示後續布置，都顯示他的關注重視。11 月 4 日眼見題字匾

---

19 蔣中正，〈對第五屆遠東區童子軍會議致詞〉，秦孝儀總編纂，《總統蔣公思想言論總集》（臺北：中國國民黨中央委員會黨史委員會，1984），卷 28 書告，頁 554-555。

額掛上「頗感得意也」。他從 5 日起撰寫文稿，將臺灣建造仿中國宮廷式建築和增加國際觀光資源、向臺灣民眾展現中國宮廷式建築堂皇面相關連：「臺灣省久經割讓之痛，雖已光復踰二十年，既霑既足，而居室之陋，建築之隘，無以見我中華命奐之美，與文化之盛！今者國際人士之來臺觀光者，與日俱增，嘗以其僅見中華文物之豐富，而未能一睹我中華文化傳統建築之宏規，引為莫大之缺憾！去歲國父百年誕辰，政府請於陽明山啟樓建堂，……議其堂廡之制，則咸以為自節用愛人而言，即土階石室，猶以為大；但自表彰中華文化之博大悠久而言，雖重簷藻梲，猶以為小；中正謹如眾議，許崇其堂廡，經營興作，蓋誠不可以棲棲者，以儉於國父；亦不可以沾沾區區者，使無以見我中華文化之久而且大也。」[20]

　　中山樓建築之工程經費最初考量國家財政負擔，總統蔣中正曾批示以三千萬元為限。官方對外口徑亦稱為三千四百萬元。但實際興建工程因變更設計、增加設施等因素，工程預算經費修正至七千九百一十八萬餘元，結案時經計算增減項目後，總經費為七千四百二十六萬五千六百五十一元。[21] 鉅額興建經費曾引發外間議論。[22] 中山樓作為多功能會議場地，「中華文化運動」遺跡

20 〈總統事略日記 55.10~55.12〉，《蔣中正總統文物》，國史館：002-110101-00040-032。

21 官方口徑見〈趙聚鈺談建中山樓目的　以古典建築型式表現我傳統特色〉，《中央日報》，1966 年 11 月 12 日，版2。其餘描述及數據見〈國父紀念館及中山樓籌建與管理〉，《總統府》，國家發展委員會檔案管理局：A200000000A/0054/80101/0003/001，轉引自：鄭昭民（計畫主持人）、吳南葳（共同主持人），《陽明山中山樓價值評估報告》，文化部文化資產局委託，中國文化大學執行，2020 年 5 月，頁 6。

22 王世杰原著，林美莉編輯校訂，《王世杰日記》，下冊，頁 1141，1966 年 11 月 12 日。

之一，也是中華民國憲政發展史活見證，承載政治、歷史多重意義，已超乎想像。

餘音：海外出版《被出賣的臺灣》

1947 年在臺灣爆發「二二八事件」影響了島上不同族群、移民群體的社會生活、家族歷史記憶，自是影響戰後臺灣歷史的重大歷史事件之一。1965 年 12 月《被出賣的臺灣》（*Formosa Betrayed*）由美國出版商米富林公司（Houghton Mifflin Co.），版權屬於作者葛超智（George Kerr，檔案稱為卡爾、日記稱為寇爾）。這本書成為記載二二八事件相關歷史的英文開端著作。《紐約時報》、《紐約前鋒論壇報》於 1 月 23 日在書評版發表呼應文字。[23] 由於事涉國民政府及其領導人蔣中正執政之缺失及爭議，蔣中正 2 月 3 日在日記記下反應：「美國寇爾所著『臺灣被出賣』一書，紐約郵報「韋其勒」總主筆發表其一篇專欄詆毀我政府之文字，並涉及我在聯合國安全會之地位，此乃為美國親共左派對我之總攻擊的代表作物，可知美國左派出賣我國之表示，無所不用其極矣。但美國政府首腦與國會大多數議員，皆對越戰表示其正義立場耳。」（2 月 3 日日記）

中華民國政府為因應葛超智《被出賣的臺灣》出版潛在引發效應，使總統府宣傳外交綜合研究組一二三次會議做出決議，有關編印二二八事變白皮書供日後備用一事，請新聞局長沈劍虹、

---

23 「附件二 美國仇華份子出版『臺灣被出賣了』一書節略案」，行政院新聞局，1966 年 2 月，〈「被出賣的臺灣」與「臺灣省二二八事件之真相」二書〉，《國史館》，國家發展委員會檔案管理局：A202000000A/0055/2212 002.61/2。

中國國民黨中央委員會第四組，會同中央研究院近代史研究所、
省政府新聞處等機關先行蒐集檔案資料、訪問有關人員做成紀
錄，俾及早編訂成書，隨時可供運用。相關會議決議呈交蔣中
正，2 月 8 日蔣中正批示：「此事應限期速辦為要，限一個月內
編成印發。」這使得張羣以最速件密件通知沈劍虹等人注意辦理
時效。[24] 新聞局先透過鄭南渭致函《紐約時報》就個人涉及部分
駁斥，另請美國傳教士兼作家費吳生夫人（Geraldine Fitch）撰寫
書評，刊載於新聞局 1966 年 3 月出版《自由中國評論》月刊。
官方也策動 1965 年 5 月 14 日返臺的前「臺灣共和國臨時政府大
統領」廖文毅具名撰文反駁。[25] 陶希聖甚且曾試探當時經特赦出
獄、受到特務監視的彭明敏，是否願意撰文反駁，因彭假裝不知
而告不遂。[26] 這種反駁都是基於政治理由出之，而非從學術基礎
出發。中四組另邀集有關單位，決議由鈕先銘依據警備總部、
省黨部、省新聞處等單位提供檔案及各項資料於十日內撰成初稿

---

24 「228 事件白皮書編訂一事，決議由中央第四組新聞局會同中央研究院
近代史研究所省政府新聞處等機關組成，總統批示限一個月內編成印
發」，1966 年 2 月 11 日，〈「被出賣的臺灣」與「臺灣省二二八事件之
真相」二書〉，《國史館》，國家發展委員會檔案管理局：A202000000A/0055/
2212002.61/2。

25 「新聞局長沈劍虹致總統府宣傳外交綜合研究組函」，1966 年 3 月 1 日，
〈「被出賣的臺灣」與「臺灣省二二八事件之真相」二書〉，《國史館》，
國家發展委員會檔案管理局：A202000000A/0055/2212002.61/2。費吳生夫
婦曾在上海、南京等地基督教青年會工作，與蔣中正夫婦交情匪淺。費吳生
夫人曾出版 Formosa Beachhead (Chicago: Henry Regnery Co., 1953)，香港亞洲出
版社是自由亞洲協會和美國福特基金會資助報人張國興成立出版社，該社
隨即於 1954 年出版《臺灣灘頭堡》中譯版（譯者湯象）。

26 因參與「台灣人民自救運動宣言」撰寫，彭明敏被判八年有期徒刑，謝聰敏
十年，魏廷朝八年。因受國外政府及非政府組織關注，彭於 1965 年 11 月
3 日獲得特赦。彭明敏，《自由的滋味──彭明敏回憶錄》（臺北：臺灣文藝
出版社，1987），頁 195。

送核。有關人士訪問工作則指派記者若干人負責辦理，並將訪問所得資料一併彙送鈕先銘參考。相關經費由外交部、新聞局共同負擔。[27] 王世杰是總統府宣傳外交綜合研究組成員之一，他注意到「出席者多謂此項報告在此時不宜發布，只可作為史料供采用。」[28]

為何王世杰認為刊布史料會是第一步？或許也與當下政治環境相關。畢竟，王健民《中國共產黨史稿》為剖陳史實，引用共產黨抨擊政府文字，即遭有關單位「禁售」處分。王世杰眼見王健民書籍此一遭遇，不得不打消組織中央聯合機構研究中共政治經濟近況的念頭，而以學術研究觀點質疑，臺灣是否有研究學術自由環境。[29] 由此觀之，眾人持保留態度除政治效應之外，也不能忽略學術研究「禁區」的現實。

蔣中正在手術後休養期間的 3 月下旬，再次於日記記入有關意見及推敲反應，也回歸「一動不如一靜」：「最近美國所出版的『被出賣了的臺灣』，著者為喬治‧寇爾者，完全對我政府與國家的謗毀誣蔑，造謠欺世，極盡其侮辱之詞句，此本為其臺灣光復之初，美國所派駐臺以海軍武官名義之間諜，以其所謀不隨，飲恨在心，乃特乘此左派抬頭之時出此無稽之談，本不足介意，不料其紐約各報竟作一犬吠影，百犬吠聲之狂吠，殊為美國前途輩〔悲〕也。此時唯有忍辱負重、知恥自強、持志養氣、沉機待

27 「附件一　謝主任然之報告」，〈「被出賣的臺灣」與「臺灣省二二八事件之真相」二書〉，《國史館》，國家發展委員會檔案管理局：A202000000A/0055/2212002.61/2。

28 王世杰原著，林美莉編輯校訂，《王世杰日記》，下冊，頁 1114，1966 年 3 月 4 日。

29 王世杰原著，林美莉編輯校訂，《王世杰日記》，下冊，頁 1107、1108，1966 年 1 月 20、30 日。

時，以雪此無上之恥辱而已。」（3月20日日記）

的確，現在也可看到新聞局審慎處理的檔案紀錄。該局審閱鈕先銘初稿後，3月30日持審慎態度就立場、人數部分指出問題：「頗覺其中為前長官公署辯護之處過多，至於吾人對兄弟鬩牆一事應感之沉痛，以及政府為付托非人終於導致事端所宜表示之自責，均付闕如。」至於初稿針對事件死亡人數估計偏低，多用「約」字、無精確數目，「似難取信於人」。新聞局認為其反駁「尚能抵銷其作用。如在此時公布真相初稿，可能產生反效果，建議暫時擱置出版計畫，切實就初稿修正，進行翻譯英文、日兩種文字版本，可收到較佳效果。」[30]

現有公布檔案中可以看到少量印製之《臺灣省二二八事件之真相》內部本，以及由臺灣省文獻委員會於1966年10月編印之《臺灣省二二八事件之真相》，封面標註「本書僅供參考」。這成為日後官方有關資料調查、彙整及編撰「二二八事件」有關報告之開端。至於日後蔣經國時代推展的「拂塵專案」，已由國家發展委員會檔案管理局公開，可供讀者另行查閱參考。

30 「附件 行政院新聞局對「二二八事件真相」初稿之意見」，1966年3月30日，〈「被出賣的臺灣」與「臺灣省二二八事件之真相」二書〉，《國史館》，國家發展委員會檔案管理局：A202000000A/0055/2212002.61/2。

1967 ／刺激與回應

任育德

國防大學通識教育中心副教授 *

　　1967 年，蔣中正滿八十歲，受到周密醫療監督及照顧，健康狀況尚屬穩定。但是，蔣中正睡眠狀況不佳，引發情緒不穩定，也為部分人士所知。[1] 讀者會看到日記記載，蔣因失眠而更換安眠藥，雖然夜間睡眠較久卻導致日間有精神恍惚、悲觀的副作用，因此停服新安眠藥；並在睡眠狀況持續不佳下，檢查身體、精神狀態等記載。當時一日夜晚能睡六小時，對蔣中正已是好眠。從蔣中正睡眠狀況，正好反映他為外界刺激如何回應多所困擾的現實。

美換大使百感交集

　　1965 年「八六海戰」的失敗教訓，讓蔣中正在當年年終反省察覺「自知我將領之無知與無能，此乃引起我反攻行動不得不延期與重新整訓之動機。」（1965 年 12 月 31 日後「全年反省錄」）[2] 這次失敗，讓蔣中正決定放棄主動反攻大陸的國策，不

---

* 　本文僅為作者個人學術觀點及分析，不代表機構觀點及立場。

1 　賴名湯著，葉惠芬、林秋敏、周美華編輯校訂，《賴名湯日記 II 民國五十六～六十年》（臺北：國史館，2016），頁 119，1967 年 9 月 30 日。

2 　汪浩更認為，如果蔣中正貿然發動武裝行動，恐將面臨下臺甚至性命不保。汪浩，《借殼上市：蔣介石與中華民國臺灣的形塑》（新北：八旗文化，

能「孤注一擲」，改採「沉機觀變」以保留臺灣生機的戰略。他一直疑心美國是否將危及臺灣穩定，在他生病的時候，此一情緒更加放大。畢竟，1966 年中起，美國更換大使為專業外交官馬康衛（Walter Patrick McConaughy, Jr.），以期使賴特（Jerauld Wright）大使告知不支持臺灣進行軍事反攻，導致雙方關係固結狀態「軟化」。[3] 但馬康衛在韓國大使任內對總統李承晚下臺流亡美國一事有其角色，讓蔣中正多疑的性格更生芥蒂。

　　1967 年 3 月 17 日，馬康衛將總統詹森（Lyndon B. Johnson）明白拒絕臺灣進行軍事行動之意告知蔣中正。蔣中正思前想後越「百感交集」，甚至記為「三月十八日為我平生國恥之一也。」（3 月 31 日後「上月反省錄」）敏感易怒的蔣中正再次感受到屈辱，用日記宣洩之餘也展現情緒之低落。1967 年 4 月 22 日，蔣中正因尿道出血舊疾，遵循醫囑休養之中，他在日記中寫到「病中深覺美帝殘酷手段，凡對東亞反共領袖其有獨立民族思想者，必欲加害或推倒而後已，其貌似仁愛而心實殘殺，名為平等民主而實為奴役強迫，其凶狠乃為任何殖民主義之帝國所不及也，能不防乎。」（4 月 22 日日記）蔣在主觀立場盡情宣洩對美國的不滿後，又在每週反省錄一轉念想到自身能存活至今，「小不忍則亂大謀」的內心劇場：「韓國李承晚、越南吳廷琰皆以反共愛國在亞洲為最積極反共之志士，是上所稱為連余在內最

2020），頁 288。

3　"Editorial Note", *Foreign Relations of United States, 1964-1968*, Volume XXX, China (Washington: Government Printing Office, 1998), pp. 313-314. 馬康衛儘管在臺灣工作，但他並未為此學習中文。這是 Charles R. Freeman 的回憶，見 Nancy Bernkopf Tucker, *China Confidential: American Diplomats and Sino-American Relations 1945-1996* (New York: Columbia University Press, 2001), p. 237.

反共三領袖也。今李、吳皆以其愛國而不能忍受美國之侮辱，皆遭受其陰謀毒手而慘死矣。今尚留我一人奮鬥，未被其所算，但其百般侮辱，亦將非置我為李、吳之續而不止。其態度畢露，當此共匪自相殘殺滅亡在即，而我反攻復國之期正在不遠之時，對此帝國主義之陰狠毒辣之手段，除嚴防以外，對其政策更應審慎出之。」（4 月 22 日後「上星期反省錄」）

六日戰爭的啟發

6 月的第三次中東戰爭，又讓蔣中正將「主動攻擊」方案記入日記。

以色列在該次戰爭中，採取先發制人攻勢，取得制空權，擊敗埃及、約旦和敘利亞聯軍，也使得以色列佔領加薩走廊、西奈半島、約旦河西岸、耶路撒冷東城區和戈蘭高地。蔣中正身為旁觀者，倒是預期戰事將不可避免的發生。

當 1967 年 5 月中埃及要求聯合國撤出邊境、加薩走廊觀察所及聯合國部隊後，蔣中正研判戰爭即將爆發，因「今後以埃邊境已無緩衝之地，中東戰爭自難避免。」（5 月 20 日後「上星期反省錄」）面對中東局勢發展，美國曾在聯合國推動和平方式解決提案，中華民國在安理會投票究竟要採何種方案？蔣中正在國家「身段」、「邦交」、「利益」之間權衡，也寫下文字：「我國與美明言如其能連我獲得九票，則我可對他投贊成票，否則我國只有棄權，以我受阿有交國家之關係，若非棄權，則於我有害而於美無益。」（6 月 3 日後「上星期反省錄」）中華民國跟以色列周邊阿拉伯國家有邦交，與以色列形式無邦交（但有核武技術祕密交流），如何拿捏檯面上外交動作分寸以確保實利，的確

需要執政者仔細考慮。

六日戰爭結束時，蔣中正在一週反省錄總結六日戰爭對他的啟示及心理鼓勵：「中東戰爭在四日內以色列軍橫掃西奈半島，佔領其所有目標，以結束其第一回合之戰爭，此為以寡擊眾、孤軍奮鬥、死中求生、忍辱含辛，長期奮鬥的復國雪恥之模範也。對於吾人復國之影響，其在國際而言，第一，俄共對其本國之外侵，只有滲透與煽動其他國家之戰爭，而決不敢公開作軍事戰爭，以引起與美國核子戰爭，此點使美國更能了解，是於我今後反攻大陸行動或有所補益乎。第二，對越戰，俄共決不允其停止，其必加強北越之接濟，使美無法脫離此一戰場，以消耗美軍實力與長期牽制美軍也。丙、埃及納色失敗，不僅俄共，而亦對毛共亦受了重大打擊，使美國得專其心對越戰而不致分兵於中東，且對駐德之美軍更可大膽撤退而無所顧忌矣。丁、以軍亦先明言不需美、英參戰，乃可單獨作戰取得勝利之實例。」（6月10日後「上星期反省錄」）

蔣中正投射個人宗教情懷、反攻大陸之多面情緒移轉至以色列軍事，視之為「雪恥復國」之模範。尤其是以色列「不顧國際一切之決心」、「長期之忍辱刻苦之精神」更可取法。至於其對國際局勢之理解，在慣稱蘇聯為俄共之外，也注意到美國不願分兵作戰的現實軍力配置，也可看成是一位二戰老兵對美國作戰「先歐後亞」歷史經驗的理解。至於他看重以色列的「先發制人」戰略，也正是因為他的主觀意願期望透過此戰略以執行大陸反攻、摧毀中共具有核子裝備。蔣中正的想法，以及推演以色列軍有不需美、英參戰已可單獨作戰而取勝，似可作為向美國遊說國軍作戰之正面實例，則有仁智之見的討論。

　　蔣中正必須仰賴美國的軍事援助，同時對同盟關係「拘束」軍事反攻行動多所抱怨，這是在日記中恆常出現的主題。但中華民國要進行大規模軍事行動，也必須依賴交通運具等後勤準備，這已非蔣中正單方意願使美方利益考量轉移，更涉及雙方軍事同盟規範及協同作戰問題，這也是蔣中正一直在找理由遊說美國，「雙方有共同利益」以同意的根本原委。對蔣中正而言，以色列六日戰爭的「先發制人」是「謀定」而「後動」，是他心目中作戰的理想模式。他 6 月 16 日在陸軍軍官學校四十三週年校慶演講，特別提到「現代的戰爭，就是能經思熟慮者勝，能存誠務實者勝，能力爭最先一分鐘，並堅持至最後五分鐘者勝。」[4]

　　另外，由於以色列掌握空中優勢，也讓蔣中正注意到如何確保臺灣空戰優勢，這是臺灣執行防守戰略重要的環節。若從 1969 年 8 月 3 日，他面對美國國務卿羅吉斯（William P. Rogers）提問是否想要進攻中國大陸？蔣直言從臺灣空優能力面對中共增加 Mig-21 戰機且掛載近距離飛彈，以當時臺灣 F-104 及 F-5 型戰機數量不足應付，故尚無自衛能力。[5] 這種評估方式也可說是從六日戰爭經驗引發，進而成為蔣力圖爭取美方配置部署當時先進戰機 F-4 於臺灣的遊說主張之一。

4　蔣中正，〈陸軍軍官學校四十三週年校慶訓詞〉，秦孝儀主編，《先總統蔣公思想言論總集》（臺北：中國國民黨中央委員會黨史委員會，1984），卷29 演講，頁 43。

5　呂芳上主編，《蔣中正先生年譜長編》，第 12 冊，頁 627。汪浩因此認為，蔣中正此時的「反攻大陸」是虛張聲勢的「空城計」。汪浩，《借殼上市：蔣介石與中華民國臺灣的形塑》，頁 385。

中美兩國利益不同

　　對美國而言，從 1965 年起即有美國軍事首長、國家安全會議幕僚表示，華盛頓必須坦白敲醒蔣中正的反攻大夢（the myth of return to the mainland）。甚且有人比喻「反攻大陸的故事」就像是一隻「大家避而不談的死貓」（the unmentionable dead cat on the floor），影響著中華民國與美國之間各種關係。[6] 美國願意花一部分軍事經費裝備中華民國軍隊，以使其具有自我防衛能力，抗拒中共入侵，維持美國軍事偵搜東亞中共大陸統治區域基地；設若這支軍隊可能製造意外的衝突，進而引發戰爭，就是美國不樂見的。所以，美國一直要「就近管控」（short leash）蔣中正。美國中情局臺北站儘管與中華民國政府高層有聯繫，卻也清楚國軍想進行反攻的目標，一方面教授使用工具技術，一方面也窺探國軍沿海作戰訊息，告知國務院。[7] 陶涵（Jay Taylor）也指出，兩國軍情機關人員「互相監視的程度，不亞於互相合作」。

　　在蔣中正偶爾向來訪美客大談美國支持反攻大陸時，蔣經國同時也說服父親，對外國人談話現在反攻是七分「政治反攻之後」，可能才需要若干軍事行動清理清理中共殘餘勢力。蔣經國也批准強化敵後作戰方案，以政治作戰、心理作戰為優先，期望以臺灣經濟、文化和其他成就影響中國政治事務。[8] 這種「修辭

6　"Memorandum from James C. Thomson, Jr., of the National Security Council Staff to the President's Special Assistant for National Security Affairs (Bundy)", Washington, April 15, 1965. *FRUS,1964-1968*, Volume XXX, China, p. 163.

7　「就近管控」是恆安石的用語。Nancy Bernkopf Tucker, *China Confidential: American Diplomats and Sino-American Relations 1945-1996*, p. 211.

8　Jay Taylor, *Generalissimo's Son: Chiang Ching-kuo and the Revolutions in China and Taiwan* (Cambridge, Mass.: Harvard University Press, 2000), pp. 286-287.

轉換」，自然是因應軍事反攻事實上的不可能後的價值調整局面，接下來就必須有具體事實為依據，這也為在國民黨掌控下進行局部政治調整提供可能。蔣中正透過日記醞釀「七分政治」作戰勝利，「三分軍事」只是「時間的問題」一說，隨後於 1967年國慶文告也對外公開宣示，王世杰敏銳地即理解政府「不亟亟于軍事反攻之意」。[9]

蔣中正日記一條記載，處理軍人頭腦要學著說外交辭令的難處：「外交辭句如不能直答之難題，則應向其反問他的觀點如何？或減輕其語意或用間接方法繞灣〔彎〕作答為要，如對包爾之問，儘可說對共黨內部反毛工作始終進行並未間斷，但對方未有事實表現以前，不能即下肯定之語也。」（2月3日日記）

但蔣中正顯然並未真的自此做到「怎麼說外交場面話」。但他也知道跟外國人談話都有目的，不由得不緊張：「年齡愈高，怕被輕視之心愈多，且自慚自責之心亦愈切，尤其對外國人談話為然。」（7月7日日記）在美國外交官員眼裡，要蔣中正理解美國利益和中國利益本來就是不一致的現實有其困難，但蔣中正透過「中國遊說團」，還是有辦法擾動甚至迫使美國總統修訂外交政策。[10] 恆安石（Arthur W. Hummel Jr.）表示過：這位領導人具有「鋼鐵一般的意志，以及長久的經驗」，是位「非常老派、權威型的人物。沒有唸過太多書。不了解⋯⋯我們怎麼運作、國會有什麼

---

9 〈中華民國五十六年國慶紀念告全國軍民同胞書〉，秦孝儀主編，《先總統蔣公思想言論總集》，卷 34 書告，頁 161-162。王世杰原著，林美莉編輯校訂，《王世杰日記》（臺北：中央研究院近代史研究所，2012），下冊，頁 1187，1967 年 10 月 11 日。

10 唐耐心（Nancy Bernkopf Tucker）著，林添貴譯，《一九四九年後的海峽風雲實錄：美中台三邊互動關係大解密》（臺北：黎明文化，2012），頁 25。

職權、什麼事做得到、什麼事做不到。他見識很狹隘……但他身邊有比他聰明、更有策略的人」。[11]

外交歧路　漸行漸遠

　　事實上，美國人的外交風向逐步吹出轉變風聲，蔣中正察覺其中一部分，卻也忽略其中一部分。蔣注意的是 1966 年參議院外交關係委員會聽證會有「圍堵而不孤立」的意見出現，意謂尋求將中國納入國際社會，此一訊息確曾讓蔣中正感到不安。忽略的是尼克森（Richard M. Nixon）在 1967 年於《外交事務》（*Foreign Affairs*）發表文章〈越戰後的亞洲〉（"Asia After Viet Nam"）主張美國需要中止對中國「憤怒的孤立」（angry isolation），此一競選宣告式文件透露尼克森的未來走向。研究者指出，許多支持中華民國的人士沒有注意到尼克森文章的訊息。[12] 的確，我們在 1967 年蔣中正日記乃至王世杰日記中，都看不到對尼克森該篇文章的反應，或許也從旁佐證相關現象。

亞洲團結　越泰前線

　　蔣中正仍然在理解外交場面「說話的藝術」之外，選擇轉戰跨國反共祕密活動，採取「不全跟美國人說」路線。臺灣在 1960 年代前期，在越南順化建立電臺以監聽中共方面通訊，也在越南大使館設立軍事顧問團，在美國特意規範限制下，中越雙方

11 Nancy Bernkopf Tucker., *China Confidential: American Diplomats and Sino-American Relations 1945-1996*, pp. 209-210.

12 Richard M. Nixon, "Asia after Viet Nam", *Foreign Affairs*, Vol. 46, No. 1 (Oct., 1967), p. 121. 唐耐心（Nancy Bernkopf Tucker）著，林添貴譯，《一九四九年後的海峽風雲實錄：美中台三邊互動關係大解密》，頁 40、59。

進行學者所謂「低調而節制」的軍事援助，準備中國西南從事
反攻同時，也透過實際操作強化中華民國在亞洲冷戰所具價值
及地位。[13] 1967 年 8 月間，電臺遭受襲擊。9 月 19 日，西貢駐
越南大使館發生爆炸案，蔣中正獲悉消息後認為是當地人員「大
意」、「不知防衛」所致，但相關情蒐工作持續進行。另在 1966
年至 1967 年間，泰國政府面對北部共黨勢力崛起，欲借用孤軍
殘部以阻止共黨勢力擴張，這給予臺北以「反共」為前提和泰國
交流，對游擊隊進行整頓與補給，也可說嘗試複製越南個案。

　　1967 年 3 月下旬泰國軍政府總理兼國防部部長他農（Thanom
Kittikachorn）來訪，蔣中正亦與駐泰大使彭孟緝商談招待事宜
後，予以接見並談話兩小時。4 月 1 日他農辭行，蔣中正亦在日
記記載談話一小時半，「詳告以泰國將來共匪侵略之禍患，予以
誠摯之指示，彼亦誠心接受，表示感激，此乃一誠正之人，可以
為友，但其外交部長柯馬自以外交老手作梗耳。」（4 月 1 日後
「上星期反省錄」）

　　蔣對純粹軍人、文人出身外交官員的評價基礎及回應觀感，
顯然有固定框架。而他何以關切和泰國合作防共議題？或可從他
擬答內容得知一二：「余認為對亞共作戰之戰略，惟有截斷共匪
對鄰國交通接濟之路，方能消滅其鄰國之共禍，始能孤立共匪而
後解決東亞之戰亂，認為此乃惟一之政策。」（4 月 1 日後「上
星期反省錄」）在彭孟緝返任曼谷前，蔣中正召見談話，表示
「談及亞洲外交問題，甚盼我亞洲各國能團結合作，以免除白人

---

13 黃宗鼎，〈越戰期間中華民國對越之軍援關係〉，《中央研究院近代史研究所
　　集刊》，第 79 期（2013 年 3 月），頁 137-172。

對黃種奴視之恥辱也。」（4月28日日記）從合作防共阻止共產勢力擴張，進而伸展到民族主義面的弱小國家合作對抗種族歧視，也持續反映蔣中正晚年思維和外交活動之間的關懷及中長期目標所在。

學者林孝庭亦依據美國中央情報局開放檔案指出，中情局當時獲知1967年春，臺灣與泰國達成祕密協議，建立軍事情報合作關係，蔣中正也承諾將大力協駐泰方掃蕩境內共黨分子。[14]這就是蔣中正想要打造的另一種戰略縱深空間，當然還是逃不過美國人情報訊息的掌握及監控。

內部建設　自立自強

美援結束代表中華民國必須自籌財源從事建設。中華民國如果真要如蔣中正所思所想的「自立自強」，獲得穩定收益以估計國家歲入歲出，並依此規劃執行相關重大建設政策就是要務。

因為，在以埃六日戰爭後，蔣中正關注方向注意到國內提升教育、科技預算，希望提高基層教育素質，隨即於6月底在主持財經會談時，指示今後財經建設之方針之同時，講出要籌畫「九年義務教育」。緊接著親自涉入，由上到下要求貫徹其意志，在日記中就看到，27日總統府月會時，要求國民教育改為九年，經費由都市平均地權內出。[15]幾天後召見臺灣省政府主席黃杰「籌備義務教育九年制為中心工作如期實施」。（6月30日日記）同

---

14 林孝庭，《台海‧冷戰‧蔣介石：解密檔案中消失的台灣史 1949-1988》（臺北：聯經出版，2015），頁299。

15 賴名湯著，葉惠芬、林秋敏、周美華編輯校訂，《賴名湯日記 II 民國五十六～六十年》，1967年6月27日，頁81。

日，蔣中正具體指示黃杰省府籌措九年國教財源：「此一重大措
施，所需經費自必較多，可從下列各方面考慮：（一）高中以上
學校增收學費；（二）調整稅率及公用事業加價；（三）整頓漏
稅及逃稅。」[16]

　　7 月 5 日召見「中央與地方教育主官」。月底在梨山農場度
假期間，考慮「社會輿論對於國民教〔義〕務教育九年制之意見
議論龐雜，行政教育部門亦無確定計畫之宣布，頗感煩惱，應即
督導公布。」（7 月 31 日日記）8 月 1 日返臺北前，在雪恥條紀
錄辦理方向：「一、義務教育九年制之宗旨與方案之督導。二、
明年度建設計畫與經費應以此教育制之經費為第一。三、國家建
設之基礎，應以教育與科學為第一，此為一切建設之首也，蓋國
家以人才為本，此乃培植人才之基本要務也。四、全年可供給資
源之總量與總有效需求之確實資料，應專設小組之調查，限期提
出報告。」（8 月 1 日日記）在主持國民黨中央常會時，也「督
促國民（義務）教育九年制」（8 月 2 日日記）。12 日以國家安
全會議命令規定先在臺灣及金門實施延長國民教育為九年，自
1968 學年度起實施。[17] 9 月 28 日，蔣中正利用向資深教師講話
機會，表示「九年制國民基本教育之實施，一定要從教材、教
法、教程方面，以及教育的精神、觀念、風氣方面，澈底檢討改
進。」[18] 由蔣中正日記及指示都可見他關切與要求其意志貫徹之

16　黃杰，《中興日記》（臺北：國防部史政編譯局，1990），下冊，頁 4985-
　　4986，1967 年 6 月 30 日。

17　〈總統事略日記 56.06-56.08〉，《蔣中正總統文物》，國史館：002-110101-
　　00044-049。

18　〈蔣中正總統款宴全國大、中、小學資深優良教師致詞〉，秦孝儀主編，
　　《總統蔣公思想言論總集》，卷 29，頁 61。

處，也使得有關政策的實行時間提前。

這一態度，的確也讓相關官員感受「必須要幹」的重大責任。當臺灣省教育廳長潘振球從黃杰處獲得指示，和各級教育單位主管磋商後向行政院院長嚴家淦報告，獲嚴家淦吩咐，要向行政院專案小組召集人陳雪屏請教落實九年國教的相關事宜。潘振球日後述及，拜訪陳雪屏時，行政院祕書長瞿韶華也為相同事情先行前來商議，陳雪屏當面明確表示：「現在已經不是做不做的問題，而是怎樣做的問題了！從今日起，大家應以全力去貫徹！」[19]

同一時期，政府正就國家財政問題進行相關規畫中。1967年7月中，經濟部部長李國鼎帶劉大中、蔣碩傑、費景漢、顧應昌到梨山晉見蔣中正。蔣中正在日記稱：「劉大中、蔣碩傑等所陳改正經濟政策十一項之重點，甚為扼要且極合現實，更知經濟、財經之設施，惟由專家研究，不能事半功倍，或反害之也。」「晚約劉、蔣、顧、費（景漢）與國鼎聚餐後，聽取其改正經濟政策之報告，甚為有益。」（7月12日日記）

隔日上午再與四位經濟學者談話：「與劉、蔣、顧、費四專家討論經濟建設政策，有益。」（7月13日日記）顧應昌日後接受口述訪談說出究竟談了什麼。他說，第一天晚上談的是關於國家總資源分配問題，在蔣中正聽完之後詢問及銀行扮演角色問題，四位經濟學者就解說銀行在儲蓄及投資之間要扮演的中介角色，蔣中正也提出一些細節性問題請教四人。第二天早上，劉大中就四人畫好的圖，說明經濟經由徵稅管道進入政府部門，再

---

19 潘振球口述，朱重聖、郭紹儀訪問，張世瑛紀錄，《潘振球先生訪談錄》（臺北：國史館，2004），頁196-198。

利用政府支出將資源分配到行政費用、軍事國防費用、民間消費等。顧應昌認為，四人向蔣中正解說資源流通觀念，確實是成功的。這從蔣中正日記所載似可印證。第二年，四人再到臺北參加賦稅改革委員會，當時為籌措九年國教財源，就以增加關稅收入為工作重點。[20] 這的確也顯示政府終於在軍事面之外，從事實面因應臺灣經濟發展所需而調整施政重點。

接班鋪路　捨子其誰

　　嚴家淦為財經出身官僚，1966 年 5 月起是副總統兼行政院院長，承擔籌措國家建設財源及分配之相關工作。其若就財務方面報告出發研議義務教育資源分配議題，未盡符合蔣中正步調，也會遭受蔣中正在日記中借題發揮式地責難。諸如蔣中正曾稱：「中國所謂財政家只知收入積聚而不知支出運用，對於軍事、經濟、科學、教育、社會建設之經費，則皆勒而不予，此在大陸庸之任財政部長與行政院之所為，當其交代辭職時，尚有十億美元之外匯與現金為國庫之存儲，此為中國有史以來最大之儲蓄也。但其對國家與社會民生之建設毫不注重，此所以為外人所輕視，故美已允給之款項亦推賴不肯如約照付也。而其結果，子文接任行政院長後不到一年，幾乎全被其金融政策無限制外匯所化費殆盡，以致大陸遭此悲慘之失敗也。今日靜波幾亦蹈此知入而不知出的財經政策之舊習，能不積極督策改正乎。」（1967 年 7 月 10 日）

---

20 劉素芬、莊樹華訪問，向明珠、陳怡如紀錄，《一個經濟小兵的故事：顧應昌先生訪問紀錄》（臺北：中央研究院近代史研究所，2000），頁 87-89。

　　蔣中正是否片面理解、解讀中日戰爭時期國家財政，是可以討論的問題。但他在前段文字中顯然最在意的是嚴家淦緊縮經費支出，而未照其意願行事的部分，才是他真正要抱怨的深層原因。蔣中正在當年 9 月間追悼孔祥熙在美逝世紀念會，亦曾基於該理解撰寫孔祥熙相關事略，陳述該事，並稱外間理解孔「貪污無能」不合事實。王世杰即審慎指出，此一評判「未必能平息物議」。[21] 事實上，當時政府內部因新設置國家會議，在制度面涉及總統命令與法律及立法院關係、安全會議與行政院關係，在王世杰眼裡是在制度實務運作上具有混淆衝突處的設計。[22] 這可能也是蔣中正、蔣經國會對行政院不滿的根源之一。

　　9 月，蔣中正再度有文字反映對行政院既有人事工作不滿，思考進行人事異動：「行政院工作消極的舊習，不能使現任院長有所作為與積極改變的方法，非澈底調正〔整〕人事不可。」（9 月 15 日日記）10 月下旬，蔣中正相繼在日記記載要使黨政軍高級幹部發揮「新知識、新學術、新生活、新行動」以打破消極自滿惡習，並要遏止水泥商投機漲價之風。有關所謂水泥投機之調查，據稱因無事證而告中止調查，卻可能成為蔣經國藉機進言予蔣中正以處理人事調動的藉口。[23]

　　11 月，蔣中正主持中央全會，卻在日記中責備嚴家淦「在

21 王世杰原著，林美莉編輯校訂，《王世杰日記》，下冊，頁 1182，1967 年 9 月 2 日。

22 王世杰原著，林美莉編輯校訂，《王世杰日記》，下冊，頁 1151，1967 年 2 月 2 日。

23 阮毅成之子阮大仁以其父親留存日記，就相關事件撰寫文章，述及相關背景經緯，呈現另一種觀點。阮大仁，〈蔣經國整肅先父阮毅成的經過（上）、（下）〉，《傳記文學》，第 94 卷第 2、3 期（2009 年 2 月-3 月），頁 42-57、94-109。

黨、在政皆不知責任，且不知體統，殊難望其有為也。」（11月9日日記）「不知體統」用詞頗堪玩味。下旬，蔣中正在「雪恥」欄記下「行政院長與院部改組問題，應速決定」（11月22日日記）。11月23日至25日出現人事考量時，有將蔣彥士或陶聲洋調為行政院祕書長記載。11月24日與張羣商討總統府人事問題。11月25日與蔣經國談人事。但此時嚴家淦明白向黃少谷、張羣表達對要調動祕書長謝耿民之不同意見，此舉讓蔣中正「殊出意外」，為此公然明示祕書長人選在蔣彥士、陶聲洋二人之間選擇一人，以及要調整哪些部會首長名單。且警示嚴家淦如果不同意就準備辭職。當晚，張羣回告，嚴家淦遵守行政倫理「已照我所示辦理云。」（11月26日日記）

在這些記載中，蔣中正主導行政院人事更動之餘，蔣經國在其中扮演的訊息告知及諮詢功能，甚且其為準備接班選擇人事服從性考量也同時展現。嚴家淦顯然在被告知之餘，頗為部屬謝耿民成為所謂「不知體統」下，遭警告逼退之箭靶感到不平，但迫於行政倫理與個人處事圓融個性，選擇讓步。這也是再度預示蔣經國將接掌重任的信號。

最後，11月29日蔣中正出席國民黨中央常會通過人事調動案，且對外明令發布人事局部調動：俞國華接財政部部長、查良鑑為司法行政部部長、孫運璿為交通部部長、蔣彥士為祕書長，聘黃伯度、沈怡、謝耿民為總統府國策顧問，任鄭彥棻為總統府副祕書長。[24] 此已明示，給予謝耿民相應經歷等級虛名，作為其調

24　〈總統事略日記 56.10-56.12〉，《蔣中正總統文物》，國史館：002-110101-00046-025。

職下臺階。11 月 30 日，蔣中正批閱公文完畢後，再召見陳慶瑜、
謝耿民、徐柏園相關財經界人物之政治姿態為結案。無庸懷疑，
蔣中正再度確認是臺灣的權力控制者，鋪排著蔣經國接班之路。

使命試煉　神的恩典

　　蔣中正要如何看自己年逾八十歲？一個領導人顯然並不容易
對外人傾吐心事，他與蔣經國透過批改交付日記、面談，以蔣經
國為代表對外交涉的代表人物，持續鋪排蔣經國的接班之路。擔
心蔣經國訪問日本的安全問題，[25] 既展現自己身為人父的一面，
也同時是對未來領導人的關切。蔣中正從 1949 年底起已在臺灣
待了十八年，相信上帝給予自己的試驗終有結束的一天，依賴無
形力量給予自己精神慰藉：「今日反省已往，審度現勢（匪情與
美政），更覺刺的價值之重大了，過去屢次制阻我反攻行動，以
及最近匪情與越戰之發展的事實，這是上帝加於我刺的恩典，對我
革命成敗之關係莫大也。由此更加強我對上帝必將賜我光復大陸
事業之信心，與對上帝之恩賜益篤而切矣。」（雜錄，5 月 9 日）

　　蔣中正在宗教慰藉下，又覺得自己能在臺灣，是個幸運的事，
是上帝的恩典：「本月為余滿八十歲之月，甚感對日抗戰勝利以
後外交失敗，共匪亂國之二十二年間，乃為本身最恥辱、最艱
鉅，亦為世界人類最黑暗悲慘時期之開始，但痛定思痛，在此一
時期，竟然心身康強，學識進步，而革命事業竟得從頭做起，乃
亦為人生最有意義、最有價值之時期，若非上帝賜予救國救世成

25　在蔣經國以國防部部長銜訪日期間，日本「台湾青年独立連盟」發動相關
　　示威遊行陳述主張。本連盟組織部，〈反對蔣経国訪日活動專集〉，《台湾
　　青年》，第 85 期（1967 年 12 月 25 日），頁 1-12。

功之使命，安得有此幸運乎。」（10月31日後「上月反省錄」）

　　相信自己身為國家領導人，必有重大使命實現，為此不放棄權力也是順理成章的，因為「自立自強」，「捨我其誰」？

1968／愧疚與焦慮交織

任育德

國防大學通識教育中心副教授＊

　　蔣中正身為八旬長者，每日行事在基本規律中維持彈性。晨間 5 時前後起床早課，靜思祈禱讀經、作體操、聽報。上午辦公會客。正午餐前午休一至二小時。下午以批閱公文、約會、剪報、思考時局、讀書為主。晚餐前後散步遊覽。晚上十時前就寢。但 1968 年的時事發展對蔣中正來說，是個心理上愧疚與焦慮交織的一年。

盧墓未祀而已毀

　　1968 年已是蔣中正自 1949 年來到臺灣的第十九年，蔣中正年逾八十歲，思鄉心切不在話下。蔣中正思鄉心切的原因之一，在於母親王采玉葬於家鄉浙江溪口（「蔣母之墓」）。這是蔣中正與溪口之間聯繫的象徵之一。蔣中正在 1949 年離鄉之前曾去掃墓，此後未曾再親臨致祭。據蔣中正在日記記載，蔣母之墓在 1967 年 7 月 14 日遭受中共紅衛兵破壞，我情報機構恐懼蔣中正得知不悅隱瞞未報，直到 1968 年 7 月 7 日經中共廣播，蔣中正正式獲知此事。蔣中正承受「又是一次失親喪母之哀傷」，身心

＊本文僅為作者個人學術觀點及分析，不代表機構觀點及立場。

及終歸所感到「不知所措」的衝擊與痛苦，「不肖無狀，連累親骨也！」（7月8日日記）讓他與中共之間的長年恩怨再加上一筆「國仇加家恨」。且看蔣中正記述中的震驚與愧怍情緒：「本日朝餐後，得匪方廣播已將我祖墳毀淨，聞之痛憤，不知所措，此亦毛匪臨滅之日不遠之預報也。余嘗懷念母墓慈庵安危，惟望能在光復故鄉之後，老死武嶺祖宅，歸葬於慈庵母墓之傍，以補償我不孝大罪，慰我慈母在天之靈，為惟一大願。不幸今得此消息，則我將來死於何處、葬於何處，皆無所計，如能以骨灰投於大海，以免後世再有如余今日之苦痛，則得矣。」（7月7日日記）

蔣妻宋美齡也告誡蔣孝勇「對共匪此仇，應世世不忘圖報戒孫也。」（7月8日日記）蔣中正也命名角板山自得室為「慈庵」以示在臺取代之意。蔣中正的痛苦追悔甚至以「小子瑞元雖萬死而亦莫贖矣」言之（11月23日日記）。

從此可見，情報機構以及與聞訊息的蔣經國早已獲知，但選擇「隱匿」，或許出於蔣中正所認定的體恤老者「善意」，因此我們未在日記中見到蔣中正就此懲處情報機構相關人士記載。但觀察敏銳的讀者會同時發現，蔣中正獲知外界訊息，在出行觀察、接見軍政人士之外，還有部分是靠著層層訊息篩選過濾、呈報，具有一定封閉性。陶涵（Jay Taylor）曾經指出，蔣中正提倡「反攻」政治宣傳有時會催眠自己，反映在日記中。[1] 這種自我催眠加上訊息的封閉是相互強化的，也可能是促成蔣中正在美國外交官眼裡形成「老派威權人物」[2] 印象的因素之一。終蔣中

---

1 陶涵（Jay Taylor）著，林添貴譯，《蔣介石與現代中國的奮鬥》（臺北：時報出版，2010），下冊，頁637。

2 Nancy Bernkopf Tucker., *China Confidential: American Diplomats and Sino-American*

正一生，的確未能再返回故鄉重修母墓並予掃墓。「蔣母之墓」則在修復後於 1984 年對外開放參觀。

「實踐小組」的結束

　　針對國軍中高級軍官專職學能進修教育，蔣中正以「白團」成員為軍事顧問，設立「圓山軍官訓練團」、「實踐學社」，成為 1949 年以來國軍外援力量之一。「白團」成員協助蔣中正整軍再造國軍、規劃反攻大陸戰爭方案、建立動員制度，在高級軍官長期教育短期、長期教育中傳播日本在 20 世紀前期的軍事教育、戰術思想，在儲備可用軍官同時，也鞏固對蔣中正的個人信仰及向心效忠。[3] 但隨著美軍顧問團給予國軍裝備、編制、訓練、定期評估國軍軍官人員提出報告後，在大環境下美國傳達軍事戰爭經驗累積成果，並因應陸海空聯合作戰新型態，相關動員後勤補給系統建制，暴露「白團」日本教官傳授相關陸戰經驗無法因應時代需要，這是蔣中正心知肚明之事。蔣中正在日記評估：十八年來，白鴻亮等人「徒以其舊日過去之學理與形式為其宗旨與教法而已」（5 月 17 日日記）。

　　至於 1965 年「實踐學社」業務結束，白團成員剩餘五人在臺參與「實踐小組」，小組編制於陸軍總部內，擔任總司令顧問、協助蔣緯國主持之陸軍指揮參謀大學從事教育訓練，也以蔣緯國擔任連絡人。[4] 在軍官教育系統趨於完整的情況下，「白團」成

Relations 1945-1996 (New York: Columbia University Press, 2001), p. 209.

3　詳見陳鴻獻，《反攻與再造：遷臺初期國軍的整備與作為》（臺北：民國歷史文化學社，2020），頁 218-230、260-261。

4　陳鴻獻，《反攻與再造：遷臺初期國軍的整備與作為》，頁 255。

員結束在臺工作也就順理成章。畢竟中華民國軍隊吸收國防新知，不再限於白團成員藉由人際網絡、地利之便蒐集日本刊物，經整理寄送到臺灣的單一管道。這時蔣中正已思考到，訂購相關歐美軍事科技、原子科學刊物、著作進行翻譯研討，並指定有關軍事刊物新著作為指示軍官團必讀材料。

同年年底，蔣中正審閱日本教官范健（本鄉健化名）、傳述李傳薫合作《大軍統帥之理論與例證》，表示「有益」，要給二人獎勵。後蔣中正主動宴請日本教官，「作為該教官解散辭別紀念，從此該團結束，了卻一場心事，對其獎金特加優待。」（12月29日日記）白鴻亮留臺擔任參謀總長顧問，以「實踐專案」名之，直到1979年10月結束。[5] 這都是蔣中正感念在1949年處於事業谷底之際，這群日本帝國舊軍人伸出援手（也藉其軍事知能討生活）的情感表現，「心事」二字意在言外，雙方可說是「好聚好散」。在1972年9月29日，中華民國與日本斷交，雙方非正式關係尚待進一步重整開展之際，11月16日「白團」成員由白鴻亮、范健領銜共五十八人簽名向蔣中正表示共存共亡，[6] 此種宣示在所謂「恩義」情感層面之外，防共意識的核心共識驅動力著實不能忽視，也成為臺灣、日本交流的伏流之一。至於高級軍官教育部分，1969年，蔣中正指示「各軍種參大與三軍大學之制度，由三軍大學統轄各軍種參大之擬議，整個合併統一之制度」，同年12月1日正式整編為「三軍大學」。這標示

5　呂芳上主編，《蔣中正先生年譜長編》（臺北：國史館、國立中正紀念堂管理處、中正文教基金會，2015），第12冊，頁582，1968年12月29日。

6　〈日本白鴻亮等呈共存亡簽名簿〉，《蔣經國總統文物》，國史館：005-010307-00005-001。

國軍中高級軍官軍事職能專業教育體系趨於完整。這在一定程度上也反映蔣中正在臺整軍重建的階段性成果。

軍中人事的考核

外籍顧問在臺灣執行的任務之一，包括對於高級將領的考核，美軍顧問團如此，德國軍事顧問也一樣。按從 1963 年起，蔣中正為尋求德國以寡擊眾、節約物資經驗，就透過臺、德雙方建立的「第二管道」，由蔣緯國擔任「明德專案連絡人室」連絡人，啟動聘請德國軍事顧問。來臺之德國軍事顧問也以張其昀主持「中國文化學院教授」名義掩護身分。[7] 這顯示來臺軍事顧問及主事者都要保持「低調」。1968 年 2 月 21 日，蔣緯國在立法院報告往訪西班牙情形，犯了蔣中正忌諱，於日記嚴厲斥責「此兒招搖欺妄，屢戒不改，應予嚴處，即記大過一次，並撤其陸軍參大校長之職，調國防研究院受訓。」（2 月 23 日日記）此事依照職權交由國防部部長蔣經國辦理，蔣中正也給予蔣經國有關指示，[8] 標舉家族「公事公辦」的立場。蔣經國日後記載反映對蔣緯國觀感：「希望弟弟慎交朋友，善處環境，擴大接觸面，不要被少數人包圍，成為失意者向其表示種種不滿之對象。」[9]

7　王玉麒編撰，《明德專案：德國軍事顧問在台工作史實（1963-1975）》（臺北：莊威，2009，再版），頁 24-29。陳鴻獻從國軍檔案之〈石牌實踐學社戰聯班調訓檔案〉找到蔣中正面諭參謀總長彭孟緝：「可以國防研究院聘任講座名義，邀請西德之退役將校級退役軍官一員來到我國（派陸軍總部工作）講學半年。」陳鴻獻，《反攻與再造：遷臺初期國軍的整備與作為》，頁 254。

8　呂芳上主編，《蔣中正先生年譜長編》，第 12 冊，頁 496，1968 年 2 月 23 日。

9　蔣經國著，歐素瑛、張世瑛、廖文碩、陳昶安、陳梅萱編輯校訂，《蔣經國日記 1970》（臺北：國史館，2023），頁 201，1970 年 7 月 20 日。類似觀點加上「對事不知分寸」又出現在蔣經國 1972 年日記，此時蔣中正已因病

專案臺方負責人個性以及特殊角色，可能也種下在蔣中正過世之後，臺德軍事交流案宣告結束的根源之一。

現在從外間公布資料，可看見蔣中正會見德國顧問聽取國軍改進建議。[10] 軍史研究者柴漢熙指出，「明德專案」的實施是以臺澎金馬地域防衛為核心規劃快速攻勢，對軍事反攻抱持保守立場，最後也影響到蔣中正有關反攻議題的策劃。[11] 另，德國軍事顧問在年度檢討報告，就當時的軍事領導層提出直言不諱的批評，包括軍事高層消極抵抗德軍指參原則，「如參謀總長及長年擔任情治首長，對軍事已脫節的陸軍總司令」。德國顧問明指高層軍事首長「本身的專業程度有限，沒有能力分辨美式與德式指參在精神與方法上的不同。他們很難找出最適合中國民族性的正當途徑」。總統蔣中正在軍事首長人選「不能做到用人唯才」，用人往往著眼門生故舊、忠誠度、儀表、甚至姓名響亮與否。針對蔣中正身為軍事統帥用人原則觀感的批評及建議，德國顧問「只能間接、委婉地表達」。[12]

蔣中正自己其實也承認德國顧問對於陸軍高級將領的批評有一定道理。他肯定「德國民族性之重義尚誠，乃為白人之第一也。」他在日記歸納德國人以旁觀立場批評國軍弱點：「德員評

右手無法活動書寫，無心力閱讀蔣經國日記。蔣經國著，歐素瑛、張世瑛、廖文碩、陳昶安、陳梅萱編輯校訂，《蔣經國日記1972》（臺北：國史館，2023），頁305，1972年12月31日。

10 呂芳上主編，《蔣中正先生年譜長編》，第12冊，頁510、518，1968年4月20日、5月15日。

11 柴漢熙，《強人眼下的軍隊：一九四九年後蔣中正反攻大陸的復國夢與強軍之路》（臺北：黎明文化，2020），頁201。

12 孟澤爾遺稿，王玉麒譯註，〈附錄三、1968年工作檢討報告〉，王玉麒編撰，《明德專案：德國軍事顧問在台工作史實（1963-1975）》，頁294。

我軍之弱點：子、不踏實，因上級學術經驗不夠，故領導無方又怕負責之故。丑、分數與等次計算無標準，有偏差，不如取消，而以應用之效能，是否適合於戰術原則與現地狀況為依據。寅、戰術運用注重其反應是否靈活及戰力估量裝備與編制是否適宜。卯、重兵器進入陣地之位置是否與敵情相宜，乃為測驗其戰術修養之一例。辰、雨天、晴天之演習與計分之關係。己、測驗部隊先後與彼此欺詐不實之修改的惡性。」（5月16日日記）

我們從陳大慶奉蔣中正命令提交之軍方回應，或可見與德國顧問現地觀察報告之部分文字內涵相近。針對演習測驗問題，蔣中正指示國防部長蔣經國、參謀總長高魁元，「訓練部隊無成績之各級主官，如經測驗有兩次不及格者，應即予以撤換之建議。」[13]「以訓練培養實戰能力」及明確「訓練目標」是德國軍事注重所想傳達的重點之一。

蔣中正針對主官軍事常識新知吸收問題，又記下「將領對武器性能不研究，致為外人輕視，例如以一○五砲集中射擊敵機之類的意見，豈非無知之談」（8月18日日記）。因此，草擬軍事教育會議開會講詞要旨，在要求踏實、靈活之餘，不忘列入「兵器性能之了解與常識之重要」（9月15日日記）。這些在日記記入文字，也的確融入〈軍事教育訓練的檢討與準據〉此一講詞，但將日記中對將領有關使用一○五砲射擊意見，改為出自「指參人員」、「一般軍官」，[14] 這一方面模糊對特定將領指責，

13　〈蔣中正指示蔣經國高魁元有戰功校官可晉升將官等人事建議〉，《蔣中正總統文物》，國史館：002-010400-00035-016。

14　蔣中正，〈軍事教育訓練的檢討與準據－民國五十七年九月十六日至二十日主持國軍軍事教育訓練會議講〉，蔡相煇編輯，《蔣中正先生在臺軍事言論集》（臺北：中國國民黨中央委員會黨史委員會，1994），第3冊，頁1350。

確也擴大成為對各級軍官的要求。蔣中正針對高級將領學能不足描述為，「在一九二六年前後黃埔短短的幾個月中所學得的戰法，來指揮運用一九六六年的兵器」。[15] 蔣中正自己藉由審閱「野戰軍戰略之研究」，批判自己自恃才能的過去：「在大陸時自認為戰略天才，未有切實研究為愧。」（10 月 19 日日記）這種出自「自省」態度、追求軍事新知的實際作法，也讓他更有底氣去指出學生、部屬的心態問題，而要求他們「改過」。

　　至於針對德國顧問提出根本用人原則問題，蔣中正雖然肯定顧問所提軍事才能的重要，甚至必要時「自動」、「獨斷」，依舊堅持要「忠貞」於他，並且對自己其他問題未置一詞。這反映蔣中正個人處世歷史經驗、核心價值觀；也反映蔣校長「以上看下」的視角看這批始終追隨他的「老黃埔子弟兵」：「陳大慶老態太深，高魁元拙鈍無能且不敢負責盡職，只知推諉拖延，毫無自動能力，事事請示，大小事務阻窒滯鈍，誤事非淺，此二大員皆不能再負此重任也。今後用人除品德可靠以外，必須選其有主動負責之精神與不計勞怨，並獎進其能獨斷專行，而不以請示推托、畏過避責為計者，方能為國家為革命成大事、負重任也。如只知唯唯諾諾，以表示其誠實可靠，則革命大業無法達成，尤其任中央高級職務者為然也。」（12 月 21 日日記）

　　陳大慶在 1969 年 6 月任滿陸軍總司令後，轉為臺灣省政府主席，再於 1972 年行政院內閣改組時出任國防部部長，以輔助行政院院長蔣經國，1973 年因病過逝。高魁元為黃埔軍校第四

---

15 蔣中正，〈軍事教育訓練的檢討與準據－民國五十七年九月十六日至二十日主持國軍軍事教育訓練會議講〉，頁 1354。

期畢業生，1970年參謀總長任滿，轉任總統府參軍長，在退役前受到蔣經國倚重為政務委員，並繼任陳大慶遺留國防部部長職位，直到1981年始請辭。高魁元因此成為中華民國行憲至今任期最久的國防部部長。這正好也反映到在政權即將交替階段，領導人知道軍中人事汰換的迫切性，在「平順求穩」、「忠貞」考量下，緩步透過任期制度進行的人事布局。

魔鬼試探的外交

1968年，美國外交及內政局勢波動。在越南戰爭處於泥淖，越共發動春節攻勢，導致美國國防部長麥納瑪拉（Robert S. McNamara）辭職。美國總統詹森（Lyndon B. Johnson）宣布放棄競選連任，駁回駐越南美軍司令魏摩蘭（William C. Westmoreland）增兵請求。政治人物羅伯・甘迺迪（Robert Kennedy）、非裔民權運動者金恩博士（Martin Luther King）遭到暗殺，國內反戰氛圍不絕。歐洲捷克短暫的民主運動遭到蘇聯入侵鎮壓而夭折。蔣中正身為旁觀者，自認其對抗中共的經驗有助觀察及預測美國對抗越共，早在1954年1月蔣中正就認定美國對越南建軍與剿共計畫必然失敗無疑。5月停戰畫分南北越，是「苟安之局勢」。[16]到1968年，蔣中正認定自身國際戰略是「以不變應萬變」，就讓狼、犬互咬，冷眼旁觀：「吾人切勿為人之先，只可冷眼旁觀，坐山觀虎鬥，以待時機。」這樣需要「埋頭苦幹、忍辱負重、養精蓄銳、培養戰力」，「咬緊牙關、站住腳跟、充實國

---

16 《蔣中正日記（1954）》（臺北：民國歷史文化學社，2023），頁30、150，1954年1月16日、5月反省錄。

基」。因此他為越南前途感到憂心，但並不想因此被拖進越戰。他疑問傳言說越南要以國軍替代美軍，是從何而來。甚至預想如果美國提出分擔在越南軍事防務，要如何因應。因「為越南設計和談之要領，已盡我心力矣，但越共狡獪百出，越南對共、對美皆無深切了解，恐終將為對方所陷害也。」（11 月 30 日後「上月反省錄」）這裡有一點微妙之處，即此一策略思路基礎是以資源相對有限的小國角度出發，期望透過槓桿操作，因應時事發展，從中得利。

但中華民國此時對外國交，以臺北代表全中國主權，以大國姿態出示，顯然有姿態與現實之間的差距，在 1960 年代中期起就面臨到衝擊及挑戰。據林孝庭指出，從 1964 年法國承認北京以及日本政府對中國大陸採取務實政策二事，已展現國際社會對於蔣中正光復大陸最高國策不信任，也反映國際冷戰體系結構下使中華民國政府獲得「中國代表權」虛幻表象已受挑戰。這為日後中華民國政府的外交逆境種下遠因。[17] 蔣中正面對美國有「兩個中國」聲音出現時，自有深重憂慮，他一面持續向東南亞各國輸出反共政治作戰經驗、對美應對心得交換，也發現蘇聯注意中、蘇關係趨於緊張後，美國有藉機聯中以制蘇之策略，便透過宣傳聲張。

1960 年代起，蘇共與中共關係日趨惡劣，使中華民國與蘇聯關係產生微妙轉變。雙方各自進行接觸試探。林孝庭已指出，1966 年中國大陸爆發文化大革命，蘇聯加緊聯繫，透過我駐墨

---

17 林孝庭，〈蔣經國的一九六四：日記中的家事與國事〉，2021 年 12 月，頁 32，蔣經國總統資料庫，https://presidentialcck.drnh.gov.tw/index.php?act=Archive/article/PATA00024，瀏覽時間：2024/1/20。

西哥大使館、聯合國總部社交管道接觸，蔣經國也認為可以進行必要運用、外交不用墨守成規，同時不宜輕舉妄動。[18] 1968 年 8 月蘇聯出兵鎮壓捷克「布拉格之春」民主運動，讓蔣中正研判莫斯科會對付中共。1968 年 9 月初蔣中正接獲駐外使節陳質平、新聞局副局長朱新民等回報，蘇聯有意變更對華態度與政策，他明知蘇聯「不懷好意」，「惟我反攻復國政策，亦只有利用俄共此一轉機，方能開闢此一反攻復國之門徑，否則如專賴美國，只有凍結我在臺灣為其家犬，決無光復大陸之望」。因此他不時提醒自己「此為國家存亡、民族衰盛之最大關鍵，不得不有所決定，但必以十分慎重出之」云云。（9 月 7 日後「上星期反省錄」）但三個月後又有「狼精難測，真熊易防……當審慎圖之」等語。（12 月 9 日日記）

這些記述可以放在歷史情境下理解。蔣中正已逾八十歲，不知自己尚在世上多久、要為「家恨」復仇心理，加以對美國交往經驗之受到冷待、承受中國大陸失敗之「國仇」外在背景交織之下，相關外交策略操作反映蔣中正敢於冒險之人格特色。他的矛盾在於，不忘提醒自己必須「慎重出之」，是因為手上握有資本尚須進行傳承予接班者，必須謹慎為之；他明知且提醒自己要謹慎，忍不住推演起雙方合作大原則：包括新疆及東北主權完整、蘇聯不干涉中國內政、兩國恢復自孫中山時代的合作精神等等。至於外蒙問題可待回到中國大陸之後再向蘇聯提出。接下來也考慮起如果雙方合作，要如何進行接受物資援助時的海空運送

---

18 林孝庭，《蔣經國的台灣時代：中華民國與冷戰下的台灣》（新北：遠足文化，2021），頁 172-173。

路線相關細節。設想國內防共細節。這都反映蔣中正的心理急迫感。蔣中正投注研究蘇聯交往可能，自承「研究對俄關係甚切」甚至「對美問題反居次要也」，也將美國東亞事務國務助卿彭岱（Wiliam Bundy）向駐聯合國大使周書楷言談蘇聯記者來臺訪問事，理解為「美、俄已對此事彼此有所心領神會乎，俄當不因此而畏縮也。」（12 月 20 日日記）

蔣中正拍板，國外透過駐外使節，國內透過蔣經國及蔣經國指示專人魏景蒙，與蘇聯密使以雙重、非正式管道開啟接觸，這和蔣中正往昔主導及操作外交雙邊接觸方式相通。潘佐夫（Alexander V. Pantsov）注意到，在蘇共內部權力拉鋸中，要和臺灣交往的是少數派。[19] 1968 年蘇聯籍記者路易斯（Victor Louis）以英國《倫敦晚報》記者身分來臺，會晤蔣經國，1969 年 5 月中至1970 年 10 月底，魏景蒙受命前往第三地維也納進行進一步交涉。1968 年聯合國大會有關中國代表權，義大利提案接納中國入會提案，遭到多數否決，蔣中正視為恥辱的勝利，但從提案票數顯示，蘇聯並未加入打壓力量，此一善意已為蔣中正記在心上。

美國外交官注意到，在路易斯訪問臺灣之後，本地報刊使用「反毛」取代「反共」，蔣中正也「照例」以此情勢爭取美國軍援。蔣中正的戰略目標就是建立防衛能力，使政府盡可能自立自主。[20] 林孝庭就美國外交檔案進一步指出，美國判斷臺灣擴大招募俄語人員進入政府體系、放寬外交人員在社交活動外互動、放

---

19 潘佐夫著，梁思文、楊淑娟譯，《蔣介石：失敗的勝利者》（新北：聯經出版，2023），頁 486。

20 陶涵（Jay Taylor）著，林添貴譯，《蔣介石與現代中國的奮鬥》，下冊，頁 667-668。

軟公開針對蘇聯言詞，在「敵人的敵人是朋友」邏輯外，藉此試探美國對臺政策底限。[21] 美國注視有關訊息，觀察發展。

　　蔣經國顯然是和父親心理同調採順應態度，並未明確反對接觸，實際承擔起雙方祕密往來的聯繫任務。但蔣經國對外國駐臺使節特別是美國大使的戒慎恐懼，可從他在 1970 年的簡短描述略窺一二：「彼處處對我故示親切，但此人陰狠，面笑心毒之徒，不可不防也。」[22] 此種「防備以不使作為」態度到 1974 年馬康衛（Walter P. McConaughy Jr.）卸任時仍未轉變。[23]

對愛子既愛且憂

　　當蔣經國接班態勢明顯時，蔣中正也重視蔣經國的個人安全維護。畢竟，國內從 1964 年「彭明敏案」起到 1967 年底「全國青年團結促進會案」，代表部分年輕人不滿內部局勢的訊號；[24] 當蔣經國 1967 年在日本出訪期間，面臨海外政治異議者的示威

---

21 林孝庭，《蔣經國的台灣時代：中華民國與冷戰下的台灣》，頁 179。

22 蔣經國著，歐素瑛、張世瑛、廖文碩、陳昶安、陳梅萱編輯校訂，《蔣經國日記 1970》，頁 165，1970 年 6 月 12 日。

23 蔣經國著，歐素瑛、張世瑛、廖文碩、陳昶安、陳梅萱編輯校訂，《蔣經國日記 1974》（臺北：國史館，2023），頁 100，1974 年 4 月 4 日。

24 該案曾讓郭雨新留置十日，石錫勳因該案遭判刑拘禁。至彭明敏向美國大使館求助離開臺灣，遭美國駐中華民國大使馬康衛拒絕，最終於 1970 年 1 月逃到瑞典。陳翠蓮，《重探戰後臺灣政治史：美國、國民黨政府與臺灣社會的三方角力》（臺北：春山出版，2023），頁 256-260。另，1969 年 5 月 24 日，日人橫堀洋一（Yoichi Yokoboki）致函季辛吉（Henry Alfred Kissinger），請美國給予彭明敏簽證，季辛吉於 6 月 4 日回絕。美國國務院也視彭明敏為「燙手山芋」活動。"Memorandum from John H. Holdridge of the National Security Council Staff to the President's Assistant for National Security Affairs (Kissinger)", Washington, January 28, 1970, *Foreign Relations of the United States, 1969-1972,* Vol. XVII, China (Washington: United States Government Printing office, 2006), pp. 173-175.

抗議。這些訊號都會讓蔣中正提升維護蔣經國安全警衛的意識。蔣經國自從來臺後，住在臺北市中心長安東路 18 號華南銀行宿舍，附近活動者甚至包括 1960 年代起青年黨籍臺灣省議員郭雨新，就安全維護來說有一定難處。因此，本年蔣中正就先要求更換蔣經國住宅維安。同年 5 月聽聞蔣經國因視察山區雷達陣地，需坐直升機「甚為懸念，正午已回臺北為慰。」（5 月 13 日日記）11 月 23 日，蔣經國單獨到七星山健行，未帶人同行，在夜晚迷路、失足，經司機通報官邸侍衛長後，發動人力全力搜山，找到在原地待援的蔣經國。蔣經國脫險之後，仍要求大家不要聲張，直到 11 月 26 日至 27 日寫入日記。1969 年蔣中正審閱兒子日記，始知七星山遇險事件始末，「不勝驚駭，此為不孝之大者也，以後必須有衛士二人隨行，方得外出為要。」（1969 年 4 月 28 日日記）在蔣中正斥責兒子輕率同時，意在言外地流露愛子之心。最終，1969 年間，蔣經國夫婦遷入大直「七海寓所」，周邊區域為軍營。1970 年 4 月 24 日蔣經國出訪美國時，在紐約遭遇襲擊，印證蔣中正的維安顧慮成真；蔣經國則懷疑美國中央情報局牽涉在內，[25] 或為額外插曲。

　　蔣中正的愛子之心，也表現在憂慮蔣經國糖尿病情，甚至因服用安眠藥暈倒之事：「經兒糖尿病以及其他病症，有增無已，彼又不肯停止工作休養自愛，殊為憂慮，忽聞今夜服安眠藥後昏迷不知人事，甚至呼吸困難者約一小時之久，由醫生診治而漸復

25 蔣經國著，歐素瑛、張世瑛、廖文碩、陳昶安、陳梅萱編輯校訂，《蔣經國日記 1974》，頁 247-248，1974 年 9 月 25 日。蔣中正認為黃文雄在美交保「此乃美國對臺灣陰謀獨立與危害我父子之又一確證，是其非毀滅我國而不甘心也。」呂芳上主編，《蔣中正先生年譜長編》，第 12 冊，頁 698。

元，此種病象，更為可慮。」（9 月 21 日日記）

　　蔣中正因此次日叫蔣孝勇問明蔣經國病情經過，「嚴令其即刻入院醫治」。下午到榮民總醫院聽取醫師相關報告，下令不許在臥室內留下安眠藥避免服用過量，他眼見蔣經國臉浮腫、無血色「不勝憂悶，沉思奈何。」（9 月 22 日日記）

　　蔣經國的糖尿病病情控制，並未如蔣中正所期望的復元發展，由糖尿病引發的慢性病併發症，導致蔣經國在總統任期內過世。

政務黨務莫奈何

　　1967 年 5 月，吳大猷接受錢思亮邀請，回國任科學發展指導委員會主任委員。1967 年 8 月，該機關改組為「行政院國家科學委員會」（簡稱國科會），吳大猷出任國科會的主任委員。吳大猷就任後，欲從科學教育、設備、人才培育著手。但其為人論事，也引發不同意見。諸如中央研究院近代史研究所郭廷以談話後就紀錄觀感：「渠自視甚高，但天下事往往不如自己想像之簡易。」[26] 臺灣為進行核武發展，吸收頂尖人才回國貢獻專長是重要的環節之一，這也是蔣中正願意進行科技政策專責機關改組的外部背景。不過，吳大猷接續學界反對核武的聲音，向政府表達明確反對發展核武立場，認為臺灣狹小腹地不利從事核戰戰略、且為發展核武將為政府帶來沉重財政負擔，大為不利正在成長階段的經濟發展，使得此時發展核武「新竹計畫」暫告擱置。[27] 畢

26　郭廷以，《郭量宇先生日記殘稿》（臺北：中央研究院近代史研究所，2012），頁 718，1967 年 3 月 26 日。放在學界「南北」學風差異大脈絡下觀察，不同評價並不為奇。

27　林孝庭，《蔣經國的台灣時代：中華民國與冷戰下的台灣》，頁 325-326。

竟，當蔣中正檢視財政預算，自承「當政四十年而對現代國家建設之預算，首要的科學建設項目視為無物，使國家落後之無等地位」（1月3日日記）。這讓蔣中正只能先放緩步調。

蔣中正受此悶氣，在公家機關上班時段參加中央研究院蔡元培百年誕辰紀念會，眼見院內「環境污穢、設備零亂、毫無現代管理知識……此乃自胡適以至今日院長王世杰所謂新文化之成績也。」（1月11日日記）這是蔣中正遷怒胡適以降留學學人的表現。繼而在為教授等級特別待遇一事約見吳大猷、黃少谷後，顯然吳大猷言論有惹惱蔣中正處，蔣中正在日記內稱吳大猷成事不足，敗事有餘，卻是奈之何哉：「留美科學家如吳大猷者，自由不羈，只知自己個人威望，而不知國家利害，亦不審政情艱鉅與國際環境，殊為可歎。此種成事不足敗事有餘之學者，建設工作尚未開始而先被破壞，殊為可痛，奈之何哉。」（1月12日日記）

1月中，吳大猷透過發表科學十年建設經費數字，提出國防科學經費部分，蔣中正認為吳大猷「洩露國家機密，且擅自發表國家政策，以引起匪共及國際之驚忌，不勝憂悶」（1月14日日記）。下午，蔣中正召見嚴家淦、黃少谷、蔣經國研究如何控管發言引發效應，並主動取消與吳大猷茶敘。蔣中正對「不得不用」者也只能採此方式表示其無言反映，這和面對胡適的方式是一樣的。

1968年是臺灣省縣市長、省議員選舉年，國民黨在提名政策實施「派系替代」，以陳時英、林洋港、廖禎祥三位年輕黨工幹部參選縣市長當選。蔣中正也在日記略微提及有關因應，在該年2月下旬國民黨中央常會決定第一波提名人選。3月，就臺北

縣縣長選舉地方派系動態，指明決定縣長人選，注意到司法機構對高雄違建案件處理未盡合宜。3月至4月聽取國民黨祕書長谷鳳翔有關選舉準備報告、選情指導。4月想到要進行後續縣市長鄉鎮長訓練課程有關準備。到了4月21日選舉日，記入政黨提名陳武璋落選，4月22日召見陳武璋、林丁山。接下來，蔣中正稱「今後地方黨務工作，應專著重於都市的工廠工人及其家庭調查訪問與照顧，其每個家庭的困難幫其設法解決。」「本省籍〔籍〕的高級富人、資本家黨員，多投機自私分子，尤其對當地競選，決不願與對方鄉人致怨，故決不能為本黨競選有所努力，不過敷衍了事。」（4月24日日記）4月28日思考如果當選縣市長為黨員，要求其兼任黨部主委，由中央派書記助理。4月30日研究高雄市市長郭國基有關案件、召見李建興兄弟嘉勉。

　　蔣中正有關記載也反映到國民黨中央獲報的理解。蔣經國在國民黨第一三八次中央心理作戰會報指示「各報社對分歧份子與反黨份子的正反面都不必登，本黨內部要有計劃、有組織，盡量設法支持黨提名的候選人」。[28] 在5月間，國民黨中央調查新竹縣朱育英落選事，就提到許金德祕密協助無黨籍劉樹燻，前任縣長彭瑞鷺也未力挺朱育英，以及不同區域選票賄賂價金。許金德對國民黨調查是矢口否認。陳明通指出，這是許金德不滿國民黨以非派系中人的朱育英所致。許金德無法再任臺灣省議會副議長，在省議員任期屆滿後退出政壇、全心從商。[29] 1968年8月7

---

28 〈中央心理作戰指導會報第138次會議紀錄〉，《蔣經國總統文物》，國史館：005-010100-00088-005。

29 國民黨調查見「本黨同志檢舉許金德在此次新竹縣縣長及省議員選舉中為劉樹燻助選一案，經第一組派員調查，確有其事，似應負其責任。檢呈調查報告書乙份。」，1968年5月25日，《57年總裁批簽》，國家發展委

日谷鳳翔自國民黨祕書長卸職，張寶樹接替。[30] 在在顯示地方政治運作實際生態，以及蔣中正的處理態度。

小結

　　1968 年在東亞世界可說是波動而未見安定的一年。從 1966 年中國大陸文化大革命由學生們組織紅衛兵手持毛語錄高喊「造反有理」形象，傳播到其他地區引發漣漪。美國內部因為「反越戰」而有學生反戰運動。日本東京大學也爆發學生佔領校內重要建物「安田講堂」，繼而組織串連將抗爭擴大。臺灣在同一期間的風景顯然並不相同。

　　蔣中正在上半年有一段自評心境，是相對平靜的：「最近嘗念余之一生以遷臺以來至今十九年間，為最有意義之一階段，雖其間皆是困難最多、苦痛最深、恥辱最大，亦是思想最成熟之時期，但亦是我學習心得最多、思維最正、經驗最豐之時期，如今後果能有所成就，乃是誠能不負此生之一時期也。而且自信其上帝必不負此苦心也。」（5 月 27 日日記）

　　這般平靜在蔣中正獲知蔣母之墓毀壞後遭到打破。1968 年底，八旬老者蔣中正政權穩固，同時內心懷著愧疚，以感恩的語意謝天恩賜總統權柄穩固、身體健康：「我一生既無特殊智慧，亦無過人品德，尤其對先慈家人只負重重罪孽，而耶和華至今仍如此賜恩給我這樣地位、環境、體力、生活，能不頌讚感謝祂的

員會檔案管理局：C5060607701/0057/ 總裁批簽 /001/0003/57-0070。陳明通，《派系政治與臺灣政治變遷》（臺北：月旦出版，1995），頁 182。

30　劉維開，《中國國民黨職名錄（1894-1994）》（臺北：近代中國出版社，1994），頁 313。

名，以至永世無窮？」（12 月 31 日日記）

　　未解之局，就待時間發展而定吧！

1969／從「冷戰」往「太平」前行的浪潮襲來之前

任育德

國防大學通識教育中心副教授*

　　1969 年 9 月 16 日，蔣中正、宋美齡夫婦搭乘總統座車在陽明山遭到車禍受傷。這是宋美齡第二次在臺灣遭遇交通事故，蔣中正胸腔因遭撞擊導致心臟瓣膜受傷，健康狀況從此欠佳。蔣中正硬撐於車禍後六天的 9 月 22 日出席活動。在重要公開活動、發言時，卻被人觀察到說話出現「疊復錯誤」，他仍積極問事、追蹤進度。[1] 蔣中正也不信自己命運將如拿破崙晚年一般終老於島上。這都顯示他不願意輕言放棄權力、不認老的內在心理。

　　蔣中正在日記記載，他對調查車禍情形時，衛戍師長的「不承認」言行感到在意，「該師長既被查問，而又不承認了事，則其再任此職，心終不安，久之將發生事故，乃決心將其調職，以免發生枝節也。」（11 月 6 日日記）蔣中正的觀感，涉及軍人武德觀「誠實」、「負責」、「忠實」與否的考量及研判，側面呈現

---

* 本文僅為作者個人學術觀點及分析，不代表機構觀點及立場。
1 賴名湯著，葉惠芬、林秋敏、周美華編輯校訂，《賴名湯日記 II 民國五十六～六十年》（臺北：國史館，2016），頁 427、451、479，1969 年 9 月 22 日、9 月 20 日上星期反省錄、11 月 12 日、1970 年 1 月 13 日。

他對高級軍官人格考察，一併顯示八旬長者蔣中正對軍人、軍校校長角色的認知強固。

由「金碗案」牽動的高層人事

　　蔣中正在 1968 年底日記曾記載「中間剝削青果會等應禁止，由政府指導農會辦法。」（1968 年 12 月 30 日日記）為後續 1969 年 3 月 7 日爆發「高雄青果社舞弊案」埋下伏筆。3 月 9 日，蔣中正得知所謂「青果商舞弊案」破獲而感到安慰。13 日，行政院長舉行院會，院長嚴家淦、中央銀行總裁徐柏園出席、國防部部長蔣經國缺席（馬紀壯代理與會），會中聽取臺灣省政府報告 2 月下旬起至 3 月 9 日高雄青果社及省聯合會改選及整頓節略報告。嚴家淦指示有關單位詳加調查依法嚴懲。同日，監察院成立五人小組調查官員責任。[2] 3 月中召見司法行政部調查局長沈之岳詢問調查進度，予以嘉勉。調查人員發現在 1967 年間高雄青果聯合會理事主席吳振瑞為慶祝青果會二十週年社慶，花費一百七十萬元購買金製禮品，慰勞有助出口銷售業績之政府官員。4 月中，相關案件帶出相應人事重組浮上檯面。蔣中正在日記中零散記載著：要考量「行政院副院長與中央銀行總裁、財政部長之人選。」「香蕉舞弊案與農會、水利會之改正方案」（4 月 10 日日記）、「香蕉合作社案之處理」。（4 月 17 日日記）此時副總統兼行政院長嚴家淦、總統府祕書長張群「皆堅主經國為行政

2　〈行政院會議議事錄　臺第三一一冊一一一二至一一一四〉（1969 年 3 月 13 日），《行政院》，國史館：014-000205-00338-001。林純美編著，《蕉神吳振瑞回憶錄暨「剝蕉案」（金盤金碗案）真相始末》（臺北：吳庭光、吳庭和，2010，2 版），頁 283。

院副院長，如為行政革新與加強效率計，應加考慮。」「省主席人選如陳大慶接任，則黃杰應予安置。」（4月18日日記）

　　後蔣中正在桃園慈湖接見徐柏園，問及收受餽贈事，兩人有所爭執，讓蔣中正在日記怒斥「彼猶狡辯卸責，並為之庇護，此人無知無恥，不可以理喻矣。」（4月26日日記）29日，蔣中正收到徐柏園提交辭呈，考慮許久，和嚴家淦、張羣商量法律、事實面，要二人再加研究。下午在二人之外加約司法院院長謝冠生研商，決定處理辦法與令稿發布。總統發布免職令中特別提及「查該員在前行政院外匯貿易審議委員會主任委員任內，對青果外銷業務督導不週，用人失當，著即免除其本兼各職」。[3] 這樣的說法，自然是為徐柏園的公職生涯打下負面評價，也斷其政壇後路。吳振瑞日後為自己申冤的同時，一併為有助香蕉外銷的明星官員徐柏園鳴冤。[4] 徐柏園遺留的中央銀行總裁職位，由蔣中正父子共同信任的俞國華（財政部部長、中國國民黨第十屆中央委員）出任，直到1984年5月轉任行政院院長為止。

　　蔣中正對國民黨內部的說詞，在4月30日國民黨第十屆中央常務委員第五次會議表示：「徐柏園同志免職案，不可視為尋常黜陟，亦不可視為安撫人心之舉，需知徐柏園同志對財政金融之分開之貢獻頗多，今決心處理，不惟當視為革命之損失，實亦為執政黨恥辱悲痛之事，各黨政軍負責同志，均應引為重大之警惕與教訓。今後務須自幹部管理與行政考核上，泛嚴夾補，庶幾不

3　《總統府公報》，第2058號（1969年5月2日），頁2。

4　林純美編著，《蕉神吳振瑞回憶錄暨「剝蕉案」（金盤金碗案）真相始末》，頁205。

致再有用人失當，督導不周之情事發生。」[5]

　　此乃蔣中正在日記所提的「徐案性質之警惕與告誡」，透露蔣中正藉此整頓政風「不得不如此做」的意念。至於徐柏園向蔣中正力主餽贈非行賄，蔣稱「徐案後政府應嚴禁餽贈與招待的辦法，以必須在事前或事後二十四小時內報告其上級主官許可決定。」（4月30日日記）5月中，蔣中正再見徐柏園，詢問收受合作社金盤實情，「認為彼乃無心之過，應設法了結。」（5月10日日記）這顯示當時相關法制細部規範缺乏的情形，而以嚴禁為通則，以及公部門人員有關餽贈觀念界線的薄弱。公部門在法制上的「補洞」作法，或可見1969年12月15日「行政院禁止所屬公務人員贈受財物及接受招待辦法」。該辦法開宗明義指出：「行政院（以下簡稱本院）為革新政治風氣，砥礪公務人員節操，特依公務員服務法及其他有關法令之規定，制定本辦法。」此外，行政院也出面規劃實施各級青果合作社改進，最終將聯合社和地方分社合併改組，採行總社與分社制。這一青果合作社「組織革新」也是對蔣中正設想決策的正式回應。至「剝蕉案」1969年8月高雄地方法院一審判決二十三人有罪，經司法訴訟，最後1972年最高法院三審確定十二人刑期為結。[6]

　　因為財政部部長俞國華轉任中央銀行總裁，帶動行政院人事改組。軍界高層則有政府「不願多變」，軍方的人將會連任的推

5　呂芳上主編，《蔣中正先生年譜長編》（臺北：國史館、國立中正紀念堂管理處、財團法人中正文教基金會，2015），第12冊，頁608-609。

6　林純美編著，《蕉神吳振瑞回憶錄暨「剝蕉案」（金盤金碗案）真相始末》，頁279、287-289。

測。[7] 此次調動中最為顯眼的就是國防部部長蔣經國出任行政院副院長，國防部部長由蔣中正考量「應予安置的」黃杰接替，臺灣省政府主席由陳大慶接替，維持從周至柔以來軍人出任臺灣省政府主席的情況。李國鼎從經濟部長調財政部部長。陶聲洋任經濟部部長。空軍總司令賴名湯認為蔣經國出任副院長不兼國防部部長，新任者「是要絕對聽部長話的人」，[8] 或許也道出相關人事安排的考量。

　　1965 年中，美國曾經評估，蔣經國若擔任行政院副院長取得次要位置，再伺機擔任行政院院長，有施展個人權力與影響的機會，也是合理事業目標。一旦蔣中正無法執政時，行政院院長可控制國防部，也可運用副署權實質影響政治。[9] 這一推測在此時正式成為事實。

　　蔣經國自國防部部長職位轉身，出任行政院副院長兼國際經濟合作發展委員主任委員，並主持行政院財政經濟金融會報。這讓蔣經國從情治國防安全業務正式接觸到財經領域業務，有助增廣視野，也因此對國家經濟發展轉型方向具有決策權。中國石油公司總經理胡新南就指出，為了促進臺灣經濟轉型，中油公司提出發展石化工業，在通過經濟部評估後，呈報到具有主導權的蔣經國手上，[10] 可供參考。賴名湯則從局勢發展在日記寫下蔣經國

7　賴名湯著，葉惠芬、林秋敏、周美華編輯校訂，《賴名湯日記 II 民國五十六～六十年》，頁 370，1969 年 5 月 13 日。

8　賴名湯著，葉惠芬、林秋敏、周美華編輯校訂，《賴名湯日記 II 民國五十六～六十年》，頁 385，1969 年 6 月 16 日。

9　〈中央情報局有關蔣經國政治前途評估〉，廖文碩編輯，《美國國家安全與對臺政策檔案選譯（二）：甘迺迪至詹森時期（1961-1969）》（臺北：國史館，2023），頁 376。

10　何智霖、薛月順執行編輯，《蔣經國與臺灣：相關人物訪談錄第二輯》（臺

「明顯的就是未來中國的繼承人」、「中華民國時代是蔣經國時代」等文字。[11]

守勢態度的外交

　　1969 年 3 月 28 日，美國前總統艾森豪（Dwight D. Eisenhower）過世，蔣經國臨時奉命赴美代表中華民國致弔唁。蔣經國快去快回，返國後向父親回報與尼克森（Richard M. Nixon）等人談話情況，只有私交回應，無涉公事要務。蔣經國在中國國民黨全會進行報告時，談及白宮深夜會談。也許，沒有當面的壞消息告知，對當時中華民國政府來說就是萬幸。

　　6 月尼克森訪問東南亞菲律賓等五國，並與越南阮文紹見面，未到訪中華民國。蔣中正相繼從韓國駐中華民國大使金信、越南阮文紹處獲知美國決心退出越南，扶持越南軍隊接替美軍政策。他感受到美方有一意孤行、不能改變的態度，「甚慮阮氏經驗很少，信人太過，亦如余在二十五年前為美所欺也。」（6 月 30 日後「上月反省錄」）

　　蔣中正在此處記載之「二十五年前」，即為 1944 到 1945 年，重慶國民政府歷經更換參謀長史迪威、重慶國共會談等往事，以及蔣疑心「匪共假造我日記」造成美國懷疑、達成離間雙方關係陰謀論。這些都使多疑的蔣中正內心警訊響起。

　　尼克森在關島宣示美國亞太新外交政策，要求亞洲各盟國

北：國史館，2010），頁 63。

11　賴名湯著，葉惠芬、林秋敏、周美華編輯校訂，《賴名湯日記 II 民國五十六〜六十年》，頁 342、371，1969 年 3 月 8 日上星期反省錄、5 月 17 日上星期反省錄。

自行負擔和平安全之責，這顯示現實上美國不耐越南戰事，也不欲投入更多資源。中華民國要維持守勢、自立自主的同時，正如蔣中正警訊代表的「憂慮」：被美國背叛、被當成可犧牲的談判籌碼。7月初，反共救國軍在閩江口發動突襲。美國在記者報導要求其政府進行干預避免擴大爭端，立即透過駐中華民國大使馬康衛（Walter P. McConaughy, Jr.）表示質問，蔣中正反應是「可知匪諜在美滲透已深入其內層矣」（7月5日日記）。進而批評美國是只看協商「拘束」武力使用面，不看「緊急自衛權」行使面，再想是要阻礙蔣中正透過蘇聯商談反攻事宜。

蔣經國面見馬康衛時，力稱該行動是「小規模勘查行動」，並未違反1968年停止東南沿海突擊行動保證，美方進而要求任何規模行動都要獲得同意。蔣經國勉強同意後，在日記批評美國人「無知和幼稚」。[12] 這也可以看成是蔣中正父子對美方政策「承諾」的試探及回應。

美國國家安全會議幕僚在1968年評估報告稱應避免在臺灣建立常駐性「基地」，只能短期間些性「部署」少量戰機，[13] 並未見到相關方針更動。美國國務卿羅吉斯（William P. Rogers）面臨蔣中正提出警訊試探，訪問臺灣，蔣中正在日月潭與其會談二次，詢問美國集體安全構想內容、越戰政策、撤軍問題意見，最後提問美國對中華民國政策。針對羅吉斯問及中華民國是否要進攻中國大陸，蔣中正表示「吾人目前甚至尚無自衛之能力」，

---

12 林孝庭，《蔣經國的台灣時代：中華民國與冷戰下的台灣》（新北：遠足文化，2021），頁121。

13 〈國家安全會議幕僚金希聖（Alfred Jenkins）致美國國家安全顧問羅斯陶（Walt W. Rostow）有關蔣介石近期擔憂備忘錄〉，廖文碩編輯，《美國國家安全與對臺政策檔案選譯（二）：甘迺迪至詹森時期（1961-1969）》，頁261。

請求供應先進武器、戰機以供防衛。[14] 這種「守勢防衛」「自示其弱」的說法自然可看成蔣中正的「本音」，我們如詳讀相關記述，也不能無視蔣中正在日記中浮現的底層本音——「對美員說實話，無異對牛彈琴，對羅亦然，故不與多談。」（7月24日日記）隨後訂下空防海防要求武器內容大項。最後自評談話本質是詳述美國在臺軍援之虛偽實情，這才是他的「角色表演」虛實同存的源由，就是當面試探美國是否會在短期內「出賣臺灣」。蔣經國私下批評羅吉斯訪問是「敷衍和應付」，明知尼克森不惜為個人政治目的犧牲臺灣，自問對此國際形勢「可不知之耶？」[15] 蔣氏父子作為命運共同體，二人相關反應其實要從架構在守勢基礎下如何自主、自立更生的思考基礎下進行理解。

在此同時，聯合國情勢緊迫的時鐘指針依然運轉。1969 年聯合國年度大會，中華民國驚險的取得相對多數保住中國代表權。蔣中正歸因為「美國政策之冷漠所致」。但赴美考察中央研究院院長王世杰與駐外官員交談時，彼此均感受：「我在聯大地位。今年雖可保持，但多數國，縱投票支持我國，其內心亦覺現局不能久持。」當年投票也顯示「我在聯大地位之艱險」。[16] 年底，王世杰眼見外交部長魏道明並無討論聯合國會籍對策，預測中華民國近期內就將面臨重大外交衝擊：「在未來二、三年內，自由中國很可能受到重大打擊：一為我國在聯合國地位之根本動

---

14 〈蔣中正與羅吉斯談話紀錄〉，《蔣經國總統文物》，國史館：005-010205-00089-001、005-010205-00089-002、005-010205-00089-003。

15 林孝庭，《蔣經國的台灣時代：中華民國與冷戰下的台灣》，頁 229。

16 王世杰著，林美莉編輯校訂，《王世杰日記》（臺北：中央研究院近代史研究所，2012），下冊，頁 1272、1274，1969 年 11 月 5、15 日。

搖；二為大陸匪共政權政策之大變化。余近日深以我政府能否安度此種局勢為慮。」[17]

如何將外交挫折予以「損害管控」以降低內部衝擊，以維持政權穩定及其生存，成為往後執政者面臨的艱難試煉。

人事軍事新陳代謝

1969 年 3 月間，中國國民黨籌備第十屆全國代表大會召開事宜。黨總裁蔣中正構思講詞內容，想到將 1924 年廣州國民黨召開一全大會時代與當下反共時代做比較，「革命與革心，為人生相反兩面之鬥爭。」革命的實行重點在「求行與革新」。大會開幕前，又想到大會議題要談黨章政綱修正、政治革新、平均地權等。3 月 31 日，蔣中正主持總理紀念週，強調從 1918 年到 1958 年間是不安動盪時代，沒有研究和整頓的機會，在金門砲戰後，獲得安定及整頓的機會。強調「立足基地」的重要。[18] 4 月 8 日，完成總裁選舉、評議委員提名、中央委員選舉，將部分中央常委、中央委員如陶希聖、陳雪屏、劉安祺等人變成評議委員，有在場者觀察「是中興的現象，但搬家的還不夠多，被搬動的人都不高興。」[19] 4 月 9 日，會議順利閉幕。蔣中正滿意表示「事事同心一德，絕無任何不安之現象」。會中將胡漢民之女

17 王世杰著，林美莉編輯校訂，《王世杰日記》，下冊，頁 1278、1280，1969 年 12 月 12、30 日。

18 賴名湯著，葉惠芬、林秋敏、周美華編輯校訂，《賴名湯日記 II 民國五十六～六十年》，頁 352，1969 年 3 月 31 日。

19 賴名湯著，葉惠芬、林秋敏、周美華編輯校訂，《賴名湯日記 II 民國五十六～六十年》，頁 355，1969 年 4 月 8 日。

胡木蘭選為中央委員，[20] 蔣中正認為「有安於心，乃可對胡展堂同志一生最大之遺憾聊以自慰，以此為余對黨中同志與黨務惟一欠缺。三十六年來時縈於懷，而自責不安之愧疚耳。」（4月12日後「上星期反省錄」）這是蔣中正對 1930 年代與胡漢民對立關係的最終的形式償還。

　　蔣中正之所以要喊革新、求實，自有現實需要。當公務部門人事待遇無法提升，與軍事人員（其中軍官約二十萬人）眾多有關，也是留學人士寧可外流、減少返臺工作原因之一，不利教育、研究推展及人才培養。蔣中正要發展原子科學研究策進「和平用途」，推展防衛戰略，也需要吸引高科技人才投入服務，施行裁軍、調整國防預算內人事費佔比，勢必成為選項之一。3 月，馬康衛代表美方提出國軍整編、裁軍主張，開啟相關黑盒子，蔣經國以雙方共同推動生產直升機計畫延遲拒絕。中華民國政府以美國出售高性能防衛武器確保臺海安全作為爭取目標，進行商談。蔣中正認可大方向同時，透過中國國民黨十次全國代表大會揭示「基地建設」，次而「光復大陸」，「以臺灣建設成效，為光復大陸建設新中國的楷模」進行順位調整。[21] 蔣經國隨即在立法院進行施政報告時，講出強化復興基地、強化軍事建設、確保臺海優勢等說法。5 月 28 日國家安全會議第十九次會議通過「軍事戰略計畫」，融入政治反攻主張，先期作戰以「政治戰」為中心，從事反攻基地經濟建設充實戰備，這為守勢主張取得軍事力整頓正當性，從「攻勢」過渡成「攻守一體」，持續

20　劉維開，《中國國民黨職名錄（1894-1994）》（臺北：近代中國出版社，1994），頁 332。

21　〈中國國民黨政綱（全文）〉，《中央日報》，1969 年 4 月 10 日，版 2。

往重視臺灣防衛方向推展現代化建軍路線。[22] 這是在蔣中正日記
記載之外同步發展的方向。

　　在蔣中正日記中針對軍事教育意見也可見相關人事替代、
現代化建軍路線的思考。人事替代，如推動黨政軍尤其是高級軍
官倡導依例自（請）退（休）運動之具體方案。要給予退休者無
後顧之憂、要用上級公忠體國或高級榮譽召喚上級退休意願。他
也和張羣商量相關事宜。軍事教育部分，如 3 月中，蔣中正閱讀
德國顧問孟澤爾（Oskar Munzel）有關軍校考察報告，稱「極為
有益，乃將其要領與辦法手書經國，約三小時之久，令其切實進
行實施也。」（3 月 11 日日記）7 月中，蔣中正寫下「今日軍事
要務」有四：建軍、備戰、訓練、造兵（武器）。8 月中，蔣中
正在日月潭避暑休假期間，看到參謀總部呈報新編「剿匪手本」
稿，在花費心思審閱後，為其中文字、編法感到不滿，認為參謀
總長「本無學識與才幹，不敢負責校正，將其原件直呈閱之，不
勝悲歎，如此高級將領，何能望其建國救軍耶」（8 月 11 日日
記），稱「此乃軍事教育不良之所賜，應澈底改革」（8 月 17
日日記）。9 月決定改標題為「反攻作戰要領」。在醫院休養時
改稿又寫為「新剿匪手本」，旋即放棄修正。

　　為此，蔣中正省思既有建制在哪裡出狀況？責任歸因？軍
史學者鄭智文已指出，清末到民國建立後，軍學體系運作從初建
到成熟過程中，何應欽等相關人員在其中的推動和管理，追尋軍
學自主與適應中國在地環境的角色，以及德日系統在其中的影

---

22 五十嵐隆幸，〈蔣介石から蔣経国への権力継承―軍事戦略の転換期における
　　「統帥権」の所在に着目して〉，《日本台湾学会報》，第 21 号（2019 年
　　7 月），頁 138-139。

響。[23] 蔣中正身為清末新式軍事教育的接受者及受益者，主觀認定是士官學校特別為中國人設立特別專班，使日後軍事教育者將之直接移植到中國而起。蔣中正將原因歸結擔任軍事教育、軍事行政多年的軍政部長何應欽以降人等。

　　6 月 16 日完成軍校五十四年校慶活動後返回臺北，和何應欽吃飯時，聽到何應欽表示「所著革命事略，並提到寧漢分裂事件，有許多電報在其保存中」產生不滿，認為枉費自己「隱忍曲諒」心意，透過日記抒發抱怨。蔣中正內心顯然對同時期其他人提及涉及紛爭往事及提出不同說法是有所在意的。接近四個月後，蔣中正車禍期間休養，在 10 月 14 日又思及用人不當往事，將責任歸諸宋子文。10 月 20 日在日記斥責日本陸軍大學、士官學校中國畢業生只知日本受訓時形式皮毛，返國服務享高官厚祿之餘，不具研究發展、建軍精神，進而影響中國軍校傳統建立。「何應欽負黃埔教育長責任最大者，尚不知覺悟，猶自以其為老資格而無愧也，豈不可歎。」（10 月 21 日日記）稍後進而斥責日本士官學校中國學生特別班，教學課程不同、管理與訓練方法「放任散漫，絕不如其對本國學生之嚴肅認真」（10 月 23 日日記）。這些蔣中正自認「病中語」不能僅以胡思亂想、發洩態度單純看待，實則透露他對過往歷史恩怨人事之介懷、留日生以學長資格「賣老」抗拒人事新陳代謝、述說不同觀感之敏感。

　　最終，蔣中正寫下自己對新時代軍人之資格期許，承平時代不能純以軍事經驗論晉升，要懂外語、能研發：「今後高級軍職

23　廖智文，《民國乎？軍國乎？第二次中日戰爭前的民國知識軍人、軍學與軍事變革，1914-1937》（香港：中華書局，2017），頁 338-339、342-343、347-348。

之人選標準，除對主義之忠誠與品德之務實以外，第一凡各軍長以上，尤其參謀總長與各軍總司令及其參謀長，在學歷上必須過去之陸軍大學與現在三軍大學之畢業優等，都為其必具之資歷，第二必須歐洲語文之一國以上者，亦為其必具之資歷，第三必須有科學行政之常識者。而過去作戰經驗則為其次要之問題也。故今三軍大學及指參大學之入學考試課目除國文之外，必須能懂（通）外國之一國語文為重要課題。無論其正規與專修班，皆以外國語文為必修課，尤以英文為然，蓋此為學習任何科學之基礎也。」（雜錄，10 月 29 日）

讀者一旦想及蔣中正自己以英語未能對外溝通之憾，就可知其中摻雜自身尋求補償心理，也是期盼後進更為優秀的一種表現吧。

窄門何時為君開

在 1965 年間，美國中央情報局有關中華民國政權士氣問題評估報告，指出安全部門情報網絡監控軍隊、政府部門、主要工業部門以及公民等。反情報工作也有其效果。此一安全系統有協調能力不足、功能重疊、過於依賴私人關係達成組織任務等問題存在。政治方面，臺籍人士不滿為反攻大陸軍事準備所造成經濟、人力負擔，以及無法針對自身事務表達有力聲音，但他們對追求即時利益較追求獨立為高，也清楚必須與國民黨人合作。[24] 這份報告注意到相當部分的臺灣人對政治表現冷感，但

---

24 〈中央情報局有關中華民國政府政權士氣問題特別報告〉，廖文碩編輯，《美國國家安全與對臺政策檔案選譯（二）：甘迺迪至詹森時期（1961-1969）》，頁 370-371。

「冷感」的表示顯然是為自保，並不代表對現實權力分配感到滿意。馬康衛也在一份報告中承認，國民黨政府政策出於中央集權控制，使得美國長年鼓勵臺籍人士廣泛參與政府部門政策「收效甚微」。[25] 就算 1969 年政府喊「政治反攻」，但並未放鬆內部控制，所謂「政治戰」仍強調要嚴密社會基層組織，確保內部安全。[26] 自 1966 年中起，臺灣大學哲學系教授殷海光在受到打壓無法在臺大授課，個人著作被查禁，出國訪學申請被拒，特務監視住處，呈現「島中之島」狀態，殷海光在 1969 年病逝。[27] 這可視為內部控制的實例之一。至於政府嚴密防範臺灣政治人物心理，反映在蔣經國 1960 年代對高玉樹、李萬居等人惡評，1970 年代日記持續對高玉樹無正面評語可見一斑。[28] 外部旁觀者看在眼裡，各有不同反應。

部分居美臺灣人從 1966 年起即受到彭明敏「台灣人民自救運動宣言」傳到美國的鼓舞，分散各地的團體成立「全美台灣獨立聯盟」，1969 年相關團體再整合成「台灣獨立建國同盟」，相關團體需要頗具聲望的領導者。外籍傳教士及其背後的基督教會，固然有基於宗教因素成為蔣中正構築反共網絡的同盟；也有

25 〈駐中華民國大使馬康衛（Walter P. MaConaughy）致國務院有關臺灣內部情勢電文〉，廖文碩編輯，《美國國家安全與對臺政策檔案選譯（二）：甘迺迪至詹森時期（1961-1969）》，頁 380。

26 〈國家安全會議議事文件（二）〉，《蔣經國總統文物》，國史館：005-010206-00045-005。

27 陳鼓應編，《春蠶吐絲——殷海光最後的話語》（北京：中華書局，2019），頁 94-97、113。

28 林孝庭，《蔣經國的台灣時代：中華民國與冷戰下的台灣》，頁 334。蔣經國著，歐素瑛、張世瑛、廖文碩、陳昶安、陳梅萱編輯校訂，《蔣經國日記（1970）》（臺北：國史館，2023），頁 158，1970 年 6 月 2 日。

基於「不涉入政治」觀念，選擇緘默。外籍研究生、青年教師來臺學習語文時，也接受到師長警告，不要介入當地政治，以免終止後續學習計畫。但其中部分美籍傳教士如唐培禮（Milo L. Thornberry）、留學生柯義耕（Richard Kagan）基於關切臺灣人權議題，敢於和彭明敏結交對談。當彭明敏 1968 年 6 月向日本記者橫堀洋一表達逃亡念頭後，這群外籍人士在 1968 到 1969 年間成為彭明敏脫逃計畫的協力者之一。[29] 1970 年 1 月初彭明敏透過唐培禮、宗像隆幸、阿部賢一等人協助，擺脫情治機構嚴密監控，從臺灣出逃，流亡海外從事體制外活動，也造成中華民國政府的形象衝擊。

　　政府方面在時間推移下，中央民意機關因無法依期全面改選，面臨老成凋謝、新陳代謝問題，終究得尋求解決之道，藉以拉攏臺灣人。蔣中正此時稍有思考，動用總統主導的國家安全會議特別會議去討論相關問題。在 1966 年的法制源基礎上，1969 年 3 月 28 日對外公布「動員戡亂時期自由地區中央公職人員增選補選辦法」，以此為法源，1969 年 12 月 20 日，中華民國在自由地區舉行中央公職人員增選補選，增選立法委員、國大代表職務、權力與 1948 年中華民國立法委員選舉於中國大陸選出的第一屆立委、國代完全相同。蔣中正也於當日在公務活動中，完成投票。選舉結果，無黨籍候選人黃信介、郭國基成為當選十一位立法委員中的「黨外」代表。國大、立委二十六人中，國民黨取

29 唐培禮（Milo L. Thornberry）著，賴秀如譯，《撲火飛蛾：一個美國傳教士親歷的臺灣白色恐怖》（臺北：允晨文化，2011），頁 112、164-172。近藤伸二著，李翔恩譯，《對抗蔣介石的台灣人彭明敏》（臺北：玉山社，2023），頁 162。

得二十三席佔絕對優勢。選擇參與臺灣政治體制內活動的臺籍政治人物，就得等待時間流逝及局勢變化，待機應對。

小結

7月16日，美國阿波羅十一號啟動登月計畫，太空人21日成功登陸月球，22日返航地球，25日成功降落。行動期間，太空人留置探測器材，也與美國總統尼克森進行長距離通話。這都是當時美國科技水準應用的具體表現，是20世紀重要事件之一。蔣中正對此，注意到當美國進行登陸月球行動時，蘇聯發送無人太空船，採取月球土壤進行地質分析，以期減低美國登陸月球的聲望。美蘇之間的冷戰、科技競爭，不止在地球，也跨出地球以外，從科技到宣傳，顯然是軍人蔣中正所注意到的面向。蔣中正「晚觀美太空人踏上月球之電視片後，晚課。本日心神突現自然安樂之感，殊為平生所少有者，或為光復大陸之預兆靈感乎。」（7月21日日記）巧合的是，當太空人在月球上放置石英碟，其中有世界七十三國領袖題字雕刻於上，蔣中正受邀題字「茲於太空人首次登陸月球之日，謹申吾人誠摯之願望，從此以循世界大同之旨，共登宇宙太平之域。」

從「冷戰」往「太平」前行，由動盪局勢中成長的蔣中正說出來自有其意義及視野高度。不過，他未能觀察到，衝擊中華民國外交、內政的重重浪潮，已醞釀且蓄勢待發。

1970-1972／將軍愁日暮 旦旦志未酬

呂芳上
民國歷史文化學社社長

最後三年的日記

上自公卿下至走卒，日記都屬很「私人」的資料，它的可貴在獨具隻眼直觀翻騰世局，它的侷限正在不缺其「片面」和「自以為是」的觀點和想法。記錄達五十年以上的蔣中正日記，不能例外。

蔣中正可算是 1920 到 1970 年間的「時代人物」。他繼孫中山之後，躍上中國眾所矚目的政治、軍事舞臺，他的舉止往往大動公聽，這樣的「公眾人物」，過世之後，於公，難逃春秋之筆，細數其成敗；於私，史家不免於對其私領域指指點點。中國近代人物的日記，原有進德修業的初衷，但也提供極為閎富的生活記事，史家、社會科學家據以探究，剝其皮、剖其心，人物身世的生活透明度，幾無所逃於天地之間。

蔣中正最後三年的日記所記錄的，給人的感受是，蔣即使有鋼鐵般的意志，最終也難逃病魔之苦。同一時代的「大人物」如毛澤東、周恩來，他們的一生故事繁複如謎，但誰也逃不了共同與個別的「衰老史」。1970 年 6 月初，已見蔣中正因病不能記事的記載。1971 年中，「老蔣」病象開始顯著，尤其手抖致

使日記時斷時續。1972年7月21日，下午戴安國來訪後，依例與經兒車遊臺北市區一匝，返回士林官邸，往常一樣的紀事，至此，戛然而止。人不是神，再三年的1975年4月初，油盡燈枯，他以八九高齡，走盡人生，走入歷史。

翻閱最後三年的日記，很難在千頭萬緒中述說一段段完整的故事，這時期，最明顯的是步入老邁的國家領袖，還可看到他脆弱的身軀，卻帶有最強硬的意志。1972年他八十六歲，帶著頭暈、足疾、氣喘、耳轟，倦容十足的老人，還有這樣記載：「我之所以至今尚能生存於世者，乃欲雪國恥報國仇也。」「人定勝天之理，只要人能依照真理，自強不息去行，上帝必能感應成全也。」（1972年6月29日日記）在他身上看到意志力與宗教信仰，力大無比。

不幸的是，撲面而來的，是誰也擋不住的個人衰老與世局鉅變。

拿捏生命之常面對變局

來臺灣以後，晚年的蔣中正，日常生活一如大陸時期，晨起之後的體操，唱聖詩，然後在書房靜坐禱告四十分鐘，接著做「早課」：寫日記、看報或祕書讀報，行禮如儀，幾十年如一日。他重鄉情，飲食上重家鄉味，在臺灣，鹹筍、鹹箕（醃菜）、醬菜沾芝麻醬一項不缺，他的中國江浙味，大異於夫人蔣宋美齡西式口味。每每傍晚4、5點時分，得暇要與夫人或兒孫「車遊」（開車兜風），近則市區、草山，遠則淡水、基隆、新竹。晚間愛看電影，夫人是新潮女性，愛看洋片，每多廢寢忘食，致晚睡晚起。蔣愛觀賞國產影劇，最後三年，他的日記仍不乏觀看影片

片名的記載，「壯士血」、「古道斜陽」、「鍾馗抓妖」、「龍虎鬥」、「保鏢」、「紅梅閣」、「血灑天牢」、「西廂記」、「林冲夜奔」等，有時簡短的內容和批評都留在日記中。對印象特別深刻的片子，也會有更多發揮，1970 年 8 月 1 日，看過「家在臺北」[1]的傳統倫理劇，第二天在日記上自己頗有所感的批評五四新文化誤導傳統家庭倫常，導致自己也感到愧對母親之罪戾，正見他停留在傳統家庭倫理思想的一面。1971 年 8 月 15 日看了洋片「巴頓將軍」，引發他閱讀巴頓（George S. Patton）戰史的興趣，且頗見心得。1971 年 5 月 1 日看了「萬古流芳」，[2]大為欣賞，同年底再看、次年年中三看，他認為「好片子」，百看不厭。

　　晚年受限於體力和公務，蔣中正不可能有太多時間讀書，據他的日記，除了《荒漠甘泉》之外，他讀引較多的是孟子、大學、唐詩及王陽明文集，他對西方的哲學和新知識作品，涉略不多。對軍事戰略、戰術的知識，多來自日本「白團」友人（實踐學社）和一直保持聯繫的德國朋友（明德專案）。他很想以臺灣作為反攻復國基地，認為這得好好注重軍事、國防科技的尖端發展，尤其是涉及和平或非軍事用途之前瞻性原子能運用，儘管美國的防堵使他無所逃於「美帝」的約制之網，但他想到以日制美、學德自強之策。在 1960 年代一方面有遣派軍官留德的「培德案」（前後派選基層軍官二十五員留德，後來不少升為

1　「家在臺北」電影，中央電影出品，白景瑞導演，歸亞蕾、柯俊雄、李湘主演，1970 年上映。內容敘述一群留學生返國，雖其間各有不同感情的牽掛，但最後都願意留下來為建設臺灣而努力。

2　「萬古流芳」電影，嚴俊執導，李麗華、凌波、嚴俊、井淼主演，1965 年香港邵氏公司出品。內容講述晉靈公寵信奸佞屠岸賈，邊關告急，相國趙盾啟奏、反被屠氏挑撥，晉靈公下令斬殺趙家全族的故事。

將領），一方面又有重金禮聘德國顧問來臺的「明德專案」。1970 年 5 月 3 日及 5 日的日記表明約聘「德員」的計畫，及接見德主要顧問孟澤爾（Oskar Munzel）的事實。1971 年的 3 月及 9 月，日記中看到德國顧問孟澤爾、何貝（Cord ven Hobe）等的建言與意見，其中不無對長期與德顧問愉快合作及對美軍顧問團（MAAG）專斷打壓反制意味。同一時期，蔣中正邀約了旅美科學家、電子專家袁家騮、王兆根（1970 年 7 月），以色列科學家卜克門（Ernst David Bergmann）來臺（1971 年 1 月），都是在同一目標下作核電新發展等有計畫、有目的的安排。

臺灣，彈丸之地，籌碼不多，這苦了矢志「反攻大陸、光復中華」的蔣中正。從今天的眼光來看，政府遷臺已七十多年，國民黨從代表中國的大黨，來臺曾一黨獨大，走過威權體制，也走過政黨競爭的優勢，如今中華民國的臺灣復以政黨政治的實行為傲，民國歷史上的國民黨在臺民主化過程，或見坎坷，但從長遠觀察，蔣氏父子時代的自我調適，仍可看到足跡，不能說全無些許進展。

在 1950 年初，當蔣中正提出「一年整訓、二年反攻，掃蕩共匪，三年成功」的口號，是後來長期被揶揄的話題，如果留心蔣日記及相關文獻所呈現的心路歷程，他還真不是在打「誑語」。現存國史館、檔案管理局，1950 到 1960 年代初的「國光計畫」檔案及美國外交白皮書，都證實了蔣當年是有想蠻幹一番。國光案後來不果行，但反攻大陸的初衷未曾改變。1970 年 2 月 20 日，他在日月潭「偶吟四句」：「旦復旦兮，光復旦兮，日月重光兮，中華復興兮」。9 月 1 日，在日月潭歸途偶吟二聯句：「一身當世界，雙手扶中華；石拳托宇宙，鐵肩擔乾坤」。

心志上，他對反攻大陸、光復故土的想法，在過世之前從沒見改變。1971 年 1 月 9 日，他改巴頓將軍戰爭三原則：「大膽、大膽、大膽」為「進攻、進攻、再進攻」；在行動上，1971 年 4 月12 日日記也透露有「逆水行舟、逆來順受」的苦衷。

　　1954 年下半年，《中美共同防禦條約》已明確限縮了臺灣反攻行動的可能性，1958 年第二次臺海危機，蔣中正對美主動宣示光復大陸是靠三民主義，不是憑藉武力，他顯然早已體會到「弱小國家只有自立自強，否則被欺凌奴視」的痛苦（1970 年9 月 25 日日記）。有學者說他是一位民族主義者又帶有強烈的現實主義觀，是可信的。1954 年《中美共同防禦條約》，事實上已把蔣中正自主性的反攻大陸主張綁上手腳，依據阮大仁的說法，至少到 1963 年 9 月中旬，時任國防部副部長的蔣經國訪美，美總統甘迺迪已明確告知反對反攻大陸之舉。[3] 這段時間，蔣中正原有寄望第三次世界大戰發生，可以一舉解決中國問題，但在現實上，則有不得不屈服的困難。在聯合國代表權問題、美國軍事援助上的刁難，國際問題限縮為國內問題，1971 年 4 月2 日的日記上，無奈的說：以軍事反攻方針得重新考慮，以彈性之方向另作詳計，以保有中華民國國號及三民主義之實施為原則，政軍解決乃手段而已。這意謂著退而求其次，政治解決也是反攻方法之一。這一年日記的「自記本年反省錄」，更明白地指出，如果反攻戰略重新部署計畫與行動完全變更，這一自立自保以退為進、以守為攻、以靜制動的戰略，非常之重要。蔣經國時

3　參見阮大仁，〈分析 1963 年行政院長陳下嚴上之原因〉，《蔣中正日記中的當代人物》（臺北：臺灣學生書局，2014），頁 141。

代「革新保臺」的策略，實已呼之欲出。歷史弔詭的是 1960 年代，當一般老百姓大喊「反共抗俄、殺朱拔毛」時，臺海兩岸實已暗通款曲。1971 年 9 月 2 日，日記有這樣的記事，陸方密使「曹匪〔聚仁〕所來情報是半真半假的」，日記中的一些蛛絲馬跡，仍可說明兩岸有所接觸，且由來已久，密使更非僅一人。

應對民主化、本土化

誰都看得出來，一個時代接近尾聲，便會有社會與政治的轉型，1970 年蔣中正八十四歲，毛澤東七十七歲，海峽兩岸的新局面勢就要誕生。隨著時局的變遷，舊體制隨之變化，許多存在已久的體制，或被替代，或被質疑，許多存在已久的認知，也可能被懷疑，原有長期的共識，也不再那麼顛撲不破了。冷戰局面下，資本主義陣營與共產陣營互相叫陣，海峽這邊依附美國，那邊依附蘇聯，各有一套自己的論述、說詞，雙方互不相交流已久。關不住的鐵幕、打不壞的紙老虎，是要變化了，也就是說這個局面到 1970 年代似乎已面臨風雲變幻之勢了。民主化是西潮影響下，二戰後去殖民化是重要一環，本土化也可視為緣於民主化的如影隨行的一股潮流。

1970 年的青年節，蔣中正或自有所感，面對黨務幹部，若有所指地提到，因時移事變，國際問題與本身自立自強互相依附，二十年前今昔形勢比較下，雖有自信心、責任心，也宜在不憂不懼中要作最惡劣打算。他接著提到，時代在進步，敵情在變化，黨領導革新，決定國家命運，元老望重者，自不能因循保守，也應有自退之計。1949 年政府撤退來臺也已二十年，原來追隨來臺力壯的股肱之士，已屆退休之年，在蔣中正的暗示下，

黨中大老開始有了依例自退潮。民間對中央民代改選問題也開始
有了討論。對蔣中正而言，他有強烈使命感，但一涉及自退之因
應，進退出處之間，使命感、責任心、權力慾的衡量，不能沒有
兩難。1971 年 1 月 25 日，日記特別提到，中央民代事，修正憲
法不易，不如以「率由舊章」來辦理。他這種若有所指的說法，
正表示自身的難題不易迎刃而解。

　　依照 1947 年公布實施的中華民國憲法，總統連選得連任一
次。但 1960 年以時逢變局為由，國民大會通過修改臨時條款，
總統連選連任的限制遭到凍結，爾後蔣中正因此有五連任的局面
出現。當 1960 年，蔣中正試圖「違憲」續任的第三任總統時，
遭到黨的當權派和重臣（如陳誠）、民間自由主義者（如胡適、
自由中國雜誌陣營）的杯葛，但他對權力的重分配自有盤算和信
心，兼用軟硬實力一一解決。此後第四、五任總統也就依臨時條
款方式「照例連」。

　　到 1969 年 9 月，蔣中正在陽明山一次車禍之後，體力下降，
是否堪任重職，他自己也表示猶疑。1970 年 5 月 19 日，他研究
下任總統，認為自己體力衰弱，決心辭去，惟繼任人選難選。言
語之間，留有空間。1971 年 5 月，臺北政壇看到類似「籌安會」
的勸進劇碼出現，但蔣中正似乎並不領情。[4] 不過，到了 11 月
8 日，心境又不同了，他為個人進退，為國家安危，考量公私利
害，生死存亡，應該要「為公、為國」，已另見趨向，到 11 月
底更確定續任決心。戀棧也好，權力慾也罷，明白話都講出來

4　廣東籍將領薛岳推請蔣中正再任總統，日記中揶揄他說：「誠老軍閥之舊
　　觀念」「我之心事在如何擺脫此一重負」（1971 年 5 月 7 日日記）。但自身
　　是否也言不由衷，大可揣測。

了。「明年大選，余以年老體衰，實難再應候選，如推荐靜波，必不能得全會與人代會同意，眾必以經兒為標準，則以子繼父，余必不同意也。」（1971 年 11 月 13 日日記）話雖如此，即將邁入八六高齡的蔣中正，在 1971 年 6 月初，知道健康出了大問題，開始有為國家未來預作安排的打算，已更為清楚。這年年底，對他自己「大去」以後的政府組織有了具體腹案，他的想法是：一、以嚴家淦繼任總統，二、以蔣經國任行政院院長兼三軍總指揮，三、黨務應集體領導。以嚴家淦為過渡，以蔣經國為繼任人選。他雖想避開「家天下」惡名，但在陳誠過世之後，許多人眼中，蔣經國已是不二之選。

在 1970 年代波濤洶湧的世局，聯合國席位不保，美國帶頭承認北京政權的危機已告浮現，更加深蔣中正「捨我其誰」的念頭。這是 1972 年 3 月國民黨十屆三中全會，決定推蔣中正為總統候選人之次日的日記：「尼丑必欲出賣我中華民國於共匪。如我不接受總統候選人，則再無他法以抵抗其奸計，乃不忠於國家。雖年老力衰，亦不敢推辭，願為國犧牲也。」（1972 年 3 月 11 日日記）3 月 21 日，國大舉行選舉會，結果蔣中正在一三一六票中得一三○八票，得票率為 99.3%，嚴家淦也順利當選副總統。中華民國第五任總統就職，當天的日記這樣寫：「上午舉行第五任總統就職典禮，朗誦文告，氣壯聲宏，出乎意外，其他行動如常，惟缺一點，宣誓時未舉右手為歉。晚國宴如儀。大病以後，有此成績為慰。」（1972 年 5 月 20 日日記）當時蔣中正病右手。5 月 26 日，立法院行使對行政院院長同意權，蔣經國獲三百八十一票，占 93.4%，雖然二十七人未同意，「反對之死硬派」也。至此，總統選舉與政府改組的民主程序，依當時之法

定程序走完。[5]接著如何翻修中央民意代表選舉法,從增額到全面改選,便成為下一步政治走向民主化的大工程,這得靠後繼者來完成了。從民主化之後的今天看,蔣中正來臺後,對政局的安定固有穩定大功,但對權力的維繫與營造,參讀日記所錄,輔以國內外公私文件,蔣要從威權體制跨入真正西方式的「民主」,還有那麼一大步得走。近代歷史的發展的崎嶇,日記之為用,大矣哉!

當1948年年底,蔣中正已準備放棄在大陸的基業,到臺灣重起爐灶。當時臺灣的地位和歸屬,並不是完全沒有爭議的。1949年6月18日,日記中就說盟國擔心臺灣如為中共霸占,英、美雅不願看到自由防線出現缺口,故美國有占領臺灣作為島鏈之一的野心,認為中方一定要堅定對美表達堅守的決心,甚至不容後來發展出聯合國託管,甚至中美「共管臺灣」的傳言。從1949年下半年到1950年6月韓戰爆發,是美國對臺無確定政策時期,這正好給予國共隔海對峙局面的醞釀留有時間,戰後日本放棄臺灣這塊殖民地,到二二八事件後幾年,中華民國政府確定派兵占有新收復的省分,再塑造成為「自由中國」反攻復國的根據地,被中共視為美帝侵略中國土地也好,被學者稱為「意外的國度」(Accidental State)[6]也罷,從這時起,臺灣是一個島嶼的名稱,又曾是代表全中國的中華民國,雖「偏安」,但代表法統所在;她曾是國府反攻大陸的根據地,又是後來有一股人馬鼓

5　中華民國憲法及臨時條款增訂等憲政問題之討論,參閱董翔飛,《中國憲法與政府》,(臺北:三民書局,2005,修訂版),第2編第4章、15章。

6　Hsiao-ting Lin, *Accidental State: Chiang Kai-shek, the United States and the Making of Taiwan* (Cambridge, M.A.: Harvard University Press, 2016).

動「獨立」的居住地，歷史之悲喜劇，甚至至今都還在上演，未曾落幕。

　　對參與 1949 年大撤退那一幕的許多人來說，與「臺灣原住民」雖有先來後到之分，先是「過客」後是「住民」者，不乏其人。以「民國」正統自居者，會效法越王勾踐「臥薪嘗膽」，不忘春秋戰國田單「毋忘在莒」故事，就不奇怪了。蔣中正領導下，在既有民國法統下，不承認「兩個中國」、棄絕臺灣獨立說，自不在話下。1970 年前後蔣中正認為這些分裂中國的說法、做法，甚至多有外力因素慫恿所致，日記中可以看到蔣中正對實際政治操作的諸多想法和作法。臺灣大學政治學系教授彭明敏，1964 年 9 月因草擬「台灣人民自救運動宣言」被捕，隨後判刑八年，同年 11 月獲特赦，1970 年 1 月得到美方情報機構協助，飛瑞典轉往美國。蔣中正得報，對彭明敏逃亡是美國人協助，證明「美之由臺灣人成立臺灣獨立國，以毀滅我政府之陰謀為已也。」（1970 年 2 月 4 日日記）這一年 4 月 24 日，行政院副院長蔣經國訪美，在紐約布拉薩飯店遇刺，這是台獨聯盟黃文雄、鄭自才所為，7 月，美國法院以十萬元交保，蔣中正則視此為革命與反革命者鬥爭的一幕，是美國對臺獨立陰謀及謀危害蔣氏父子的確證。

　　事實上，中華民國在國際上的法理地位，一個中國、兩個中國，先有國共分合問題、後有統獨之爭，這些在聯合國已成為國際外交爭議的焦點，蔣中正領導下國民政府對日抗戰勝利的榮光，實難掩戰後國共戰爭慘敗後的跼促局面。1970 年 6 月初，在一場大病之後，特別對過去作戰的戰略作了檢討，他說靠本身為基礎，不依外援，最終才能獲最後勝利，但信任外力或以國際

形勢之判斷為必然之戰略，最後常適得其反，大致失敗。他舉
1937年上海戰役、1948年東北之戰，導致大陸失陷，情報、宣
傳、無組織及對國際形勢判斷之失誤，本身不能主動定策，全以
美國為依歸，終鑄成大錯。1971年中華民國退出聯合國，蔣中
正如何拿捏一個中國、一中一臺、兩個中國，均有明確紀錄，這
方面的分析，猶待取蔣中正這一段日記與聯合國文獻、美國外交
文書，詳為比證，方得見其新義。

「冷戰外交」中的「洋鬼子」

　　1949年底，西南最後決戰失利，中華民國政府退據臺澎，
加上海南島與浙江、福建沿海的若干島嶼。那時候的情況，不只
「風雨飄搖」，難聽地說簡直是如「喪家之犬」，只能「仰人鼻
息」。對蔣中正、對國民黨都極為難堪，但他的堅忍和毅力也展
現得無與倫比。當時國際冷戰形勢已成，惟一能依靠的是自由陣
營的盟主美國。

　　近代中國的政治外交，向「西方」學習，取法其軍、政制
度，日、英、德、俄、美，均是學習對象。從蔣中正的學習歷
程，親日傾向最有可能，可惜日本翻臉侵華，中日成仇。二戰開
始，美中關係益見密切，後來的七、八十年雙方恩怨情仇交幟，
其中本國權益自是基本考量。在20世紀下半葉最大的變數來自
二戰後國際政局的劇變，熱戰之後的冷戰，也不是銅牆鐵壁，冷
戰中固有熱戰，雙方交往也不是鐵板一塊。蔣中正和美國人打交
道，有其一先天難處，大陸時期「大」而「弱」的中國，美國
的支持固是抗戰獲勝的重要力量，白人優越感，他也吃盡排頭，
大有吃不消之感，史迪威（Joseph Stilwell）、「馬下兒」（馬歇

爾，George C. Marshall）、艾其遜（Dean Acheson）等的「惡行惡狀」，蔣中正覺得罄竹難書。

　　1949 年兩岸分裂，政府屈移小島，美國有時視為冷戰一棋子，缺財力、沒資源，「以小事大」，苦楚多多，他有時固可引孟子「智者以小事大」說，中庸：「君子素其位而行，不願乎其外。」素富貴、素貧賤、素夷狄、素患難，「君子無入而不自得焉」以自勵。（1970 年 1 月 31 日後「上月反省錄」）。多半的時候，他則按捺不住，嚴責美國人為「洋鬼子」，[7] 罵尼克森（Rihard M. Nixon）總統是「貌實內偽」的政客小人，是為「尼丑」。但這些話多半是蔣中正在日記中的發洩。

　　1970 年代日記涉及的三年，有兩件重要的事值得提，第一是從中、日、美關係到臺、美關係的變化，第二是臺、俄關係的虛與實。日記資料不僅印證他個人對政治事件的思考模式，而且證明他是現實主義下一位具有彈性國際主義的外交家。日本戰後臺灣史專家若林正丈，有關戰後臺灣政治史，重點放在 1980 年代後的研究，但若林正丈認為，1949 年之後在臺灣出現的所謂「正統中國國家政治結構」，包括國家體制、政治體制、國民統合意識形態，只統治著臺灣的事實，有開始發生了變化的過程。[8] 這些話大體可接受。直到 1966 年總統選舉，蔣中正與嚴家淦分別當選正副總統，在一黨專政下，政治儀式的進行，不會太引人意外，但不能或忘的是毛澤東治下的大陸，正發動讓人驚恐

7　「國人稱西洋人為洋鬼子者，為百年來之習語，今知其所指者，為其狡猾刁詐、無義背信、虛偽欺弄、惟利是圖，不惜失其人格，視敵為親，欺弱怕強，隨時出賣其友人之謂也。」（1970 年 2 月 12 日日記）

8　參見若林正丈著，浩郁如等譯，《戰後臺灣政治史：中華民國臺灣化的歷程》（臺北：臺大出版中心，2014），導讀，頁 4。

的「文化大革命」。蔣中正雖想使用武力乘機倒毛，但美國朋友不只相應不理，而且自 1955 年起到 1970 年還陸續背著盟友臺灣的中華民國與中共召開大使級的「華沙會談」，令他痛心不置。

　　1967 年春，一向被蔣中正視為好朋友的美國共和黨領袖尼克森，開始進行總統選舉活動。蔣中正認為尼克森應是可以延續過去支持臺灣的共和黨總統艾森豪（Dwight D. Eisenhower）的政策者，但要不要實質的支持尼克森的競選活動經費很是費些思量。1968 年的 11 月，尼克森獲得美國總統大選的勝利，蔣中正注意他的言行，期望他的友誼。但是十分令人失望，尼克森對於和北京關係正常化有很高的興趣。這教蔣大失所望地指出「尼克森主義」，乃為討好美國自身利益，不惜犧牲盟友的賣華媚匪。日記中對「尼丑」的辱罵，已遠超過當年對艾其遜的斥責。同時國軍為掌控臺海軍事優勢亟需美國援助潛水艇及 F-4D 幽靈式戰機，為此安排宋美齡的外甥孔令侃，負責美國國會遊說團的溝通，結果 1970 年 1 月底，美國國會兩院竟刪除了購機案，反通過對韓五千萬美元援助案，美國有意渺視在臺的中華民國，這是美國一中一臺政策的開端，對蔣中正而言，是可忍？孰不可忍？大有深覺「被耍」的感慨。臺灣對美國國會遊說團顯無發生作用，負其責的孔令侃，立刻遭到蔣中正的一連串嚴厲斥責。孔令侃的背後是蔣夫人，從日記看，他們夫婦二人也為中美關係不順暢鬧過彆扭。[9]

9　「此次尼丑對華政策之惡化。其咎當在令侃。而夫人仍信其言，幸得改正為慰。」（1971 年 12 月 25 日日記）「晚見令侃，心神厭惡。國家生命幾乎為他所送。妻既愛我，為何要加重我精神負擔，身體不安。」（1972 年 5 月 17 日日記）1972 年 5 月 27 日及 6 月 12 日，日記都記下女子與小人難養，所以 5 月 27 日到 6 月 19 日，蔣中正自己搬到中興賓館獨居，蓋事出有因。

　　1970 年前後的日記，表露臺灣以小事大，美國以大臨小，相互之間均乏互信，蔣中正對美職業外交官、情報官員充滿疑慮，對那位有「顛覆專家」、「邪惡特務」之稱的美國駐華大使馬康衛（Walter P. McConaughy Jr.）尤不放心，在日記中一再提起越南吳廷琰遇害、韓國李承晚的可悲下場作例子，自己且深深引以為戒。1 月 18 日的日記又提到：美國原為盟國，現在卻處處在壓低我國地位，東亞原為殖民地，由我國扶持其獨立，現在也渺視我國，以怨報德，以友為敵，只能一笑置之。可見「以小事大」之難，國家領導人不能不深深引以為苦。

　　1960 年代後期，美國深陷於越戰窘境，也很想從東南亞的困局抽身，於是從甘迺迪政府以降，便有「聯中制俄」的外交策略構想。交好中共，不只表現在華沙會談，而且想突破過去與中共為敵的藩籬，直接打開北京之門。蔣中正看在眼中，他不是沒有外交頭腦的人，這時也與蘇俄祕密打起交道來，正很有玩玩「聯俄制美」的外交遊戲。

「冷戰外交」中的「俄國佬」

　　1960 年代到 1980 年代，國際緊張關係趨於鬆弛，或稱之為「低盪」（Détente）時期。這時雙方在核武的發展上，打成平手，雙方陣營內部各自均有危機，而資本主義與共產主義體制可修正、可相容的「匯流」論，開始出現。國際局勢的兩極化態勢，轉為多元均勢。美蘇漸可攜手，中共、蘇共出現裂痕，中共與美國的關係則出現和解氣氛，蔣中正覺得臺灣的中華民國，何嘗不能在外交夾縫中使力。

　　1960 年代，中共、蘇共雙方的爭執延燒到民族主義及政治

和領土上，特別是邊界之爭。事實上，這時美國為了保持戰略平衡，也正謀打中國牌，以改善與中國大陸的關係。於是有 1971年 7 月季辛吉（Henry A. Kissinger）假肚子痛為名，由巴基斯坦赴北京與周恩來會晤，啟動他的「聯中打俄」平衡戰略構想。在此前後美、臺關係也正陷入低潮，這時蘇俄密使南來，頗有見縫插針的意味。

這一年，中華人民共和國取代了中華民國在聯合國的席位。1972 年 2 月，美國總統尼克森訪問北京，發表「上海公報」，雙方互設聯絡處，強化雙邊關係。這時美國對蘇聯玩的正是「中國牌」。到 1975 年 12 月，福特（Gerald R. Ford）總統訪中。1978 年 12 月 16 日，卡特（Jimmy Carter）政府宣布自 1979 年 1 月 1 日起雙方正式建交，臺灣進一步被邊緣化。回顧這一時期，國際政治架構等於重組一次。長期以來，美國都是社會主義中國的宿敵，聯中共來反制另一個社會主義國家蘇俄，毛澤東高舉世界革命旗幟，既反帝也反修，情勢至此大為翻轉，不能不令人嘖嘖稱奇，教人精神錯亂，畢見國際政治現實的一面。這時候蔣中正也打「蘇聯牌」，玩一手以小搏大、鈎心鬥角的遊戲，試探華府、莫斯科、北京的反應，也應在情理之中。

依照資料顯示，至少在 1967 年 1 月，蘇聯已派「密使」與中華民國政府駐外人員接洽。當時駐墨西哥大使陳質平和前駐阿根廷大使館文化參事朱新民是蘇聯接觸的對象。為此，蔣中正數度分別接見陳質平、朱新民，指示「對蘇要旨」。[10] 到 1968 年，

---

10 1967 年 1 月 18 日、20 日接見陳質平，指示對蘇接洽要旨，應使蘇聯了解美國決不助我反攻大陸，我亦不賴其協助而能獨立行動，並說明中美協防內容並無制止我反攻大陸之權利。所以暗示中美並無不解之緣。

臺灣對蘇聯的密使接洽方式，似乎在北美與臺北二線並進。

蔣與蘇接近的用心，日記中有這樣的說明：「我反攻復國政策，亦只有利用俄共此一轉機，方能開闢此一反攻復國之門徑，否則如專賴美國，只有凍結我在臺灣為其家犬，決無光復大陸之望。而且光復大陸之能否與成敗，其權完全操於我手。至於美國則以我大陸總定為俄共勢力範圍，力求安定自保，不允多事，故阻止我反攻大陸之政策，決無變更之可能，此理甚明。此為國家存亡、民族盛衰之最大關鍵，不得不有所決定，但必以十分慎重出之，而我現在惟一之目的為如何光復大陸一點上，應特加注重。」（1968 年 9 月 7 日後「上星期反省錄」）

按記載，由 1965 到 1975 年，來到臺灣的蘇俄密使，至少有六人，其中最知名的是路易斯（Victor Y. Louis）。[11] 1968 年 10 月，臺北迎來近二十年來第一位「俄國佬」的到訪。10 月 22 日，路易斯抵臺，由此開始了他遊走臺北、維也納、莫斯科充當蘇俄通臺「密使」的任務。[12] 據說從 1968 到 1975 年間，路易斯曾到過臺北四次，赴歐三次。當時臺、蘇密使往來，均由兩蔣直接指揮，臺方的負責人物是新聞局局長魏景蒙。路易斯於 1968 年的來臺，蘇聯的用意可能想拉攏臺灣，使成為「亞洲集體安全戰略

---

11 路易斯是出生在莫斯科的俄國人，1949 年在莫斯科大學完成語文及法學教育，曾任職美國《展望》（*Look*）、《新聞週刊》（*Newsweek*），值史達林發動大整肅，路易斯以美國間諜罪名被判刑二十五年，關押九年，1956 年獲釋出獄。之後，便成為冷戰時期蘇聯官方新聞界的神祕人物。曾擔任美國記者的翻譯、《倫敦晚報》（*London Evening News*）記者二十九年，後轉任《星期日快報》（*The Sunday Express*）記者，他的獨家報導常成世界頭條新聞，因此十分出名。他曾任蘇共頭子赫魯雪夫的翻譯，與蘇聯黨政高層關係良好。有人認為他是蘇聯國安會（KGB）的一員，但他自己和蘇聯都未證實。

12 〈蘇籍記者路易斯訪華經過略記〉，《蔣經國總統文物》，國史館：005-010100-00082-037。

體系」的一員，俾用來對付美國，而路易斯正是他們的馬前卒。
這時臺灣當局也不能眼睜睜地看著美國既拒絕協助臺灣「反攻大
陸」計畫，又暗中與中共和解的事實。臺、蘇接觸，顯然雙方均
有意願。臺北雖是被動的，但也願順勢而為。

　　蔣中正對路易斯來臺的任務，一開始就十分重視。路易斯臺
北之行，蔣中正雖未予接見，但日記中透露他掌握全程並時有想
法和指示。[13] 此事也顯示他的彈性外交和一向的務實性格。1970
年 4 月下旬，行政院副院長蔣經國訪美，雖獲美方高規格接待，
但也沒得到什麼實惠。美、臺關係似乎開始微妙地轉變，臺、蘇
關係相對地活絡起來。

　　1970 年 10 月底、11 月初，魏景蒙與路易斯的密會，仍選
擇維也納。二人同時在 10 月 27 日到達維也納，即使在這麼偏
遠的國度，八小時的會談中，為了示好，兩蔣也都覺得此時正
是釋放 1954 年 7 月俄船陶普斯號全部船員的好時機。[14] 1970 年
11 月 25 日，蔣中正日記更明確記述臺灣對蘇的要求，包含潛艇
十二艘、Mig-23 等飛機各一個中隊，及足夠的零配件。據說，
路易斯此後還三次到過臺北，但都沒有留下紀錄。當時駐墨西哥
大使陳質平，直到 1972 年還與蘇聯大使有祕密接觸，但也都沒
有任何結果。

　　時代在變、潮流在變、國際關係也在變。1971 年 4 月，
中共與美國「乒乓外交」上演，10 月，中華民國退出聯合國。

13　見 1968 年 10 月 24 日、26 日、30 日，1969 年 2 月 1 日日記。

14　陶普斯號（Toupse）為蘇聯級貨輪，1954 年 7 月 23 日被執行閉關政策的中
　　華民國海軍扣押，船隻改編為會稽艦（AOG-306），船員部分遣返，部分
　　留在臺灣。

1972 年 2 月，美國總統尼克森訪問中國大陸。1975 年蔣中正過世，臺、蘇的祕密交往，到 1980 年代國際情勢丕變，冷戰不再，人事已非，終於劃下了休止符。這段臺、蘇交往祕史，極少見諸官方公文書，學者多靠私人日記或回憶文字作研究，近年開放的蔣中正日記，則很有助於這段歷史的了解。

廉頗老矣

1970 年，蔣中正已行年八十有四，他是軍人出身，體魄一直十分健壯。尼克森的回憶錄說，1970、1980 年代看到蔣中正還是嚴肅不苟言笑，又有軍人剛挺的身軀，但毛澤東可就像丟在牆角窩成一團的馬鈴薯袋。蔣中正喜歡旅遊，近則車遊、遠則渡假，車遊多半在臺北近郊，遠遊除非有特殊目的一日、二日來回，否則一禮拜、兩三個月也有。在臺灣，他逗留的地方除了陽明山，便是大溪、角板山，南部大貝湖、西子灣，最喜歡的地方是日月潭，為母親蓋了慈恩塔，在潭中與蔣經國泛小舟論大政。出遠門常是為了思考國家大局，1970、1971 年長駐日月潭，是為聯合國席位問題傷腦筋。在臺北，除了士林官邸外，後草山行館是他早期喜歡的地方，有多雨潮濕的缺點；1969 年，他在陽明山公園後方蓋了「中興賓館」（今稱「陽明書屋」），除了土地靠捐贈，建築、裝潢則講究，1970 年 4、5 月間，蔣中正兩度在視察工地時，要求不可浪費，「有福留餘」，不可耗盡。這時的侍衛長孔令晟甚至因此受到責備。說實話，如在春天到秋天三季之間，這是寶地，溫度適中、風景宜人，空氣、視野俱佳，但冬季正座落在山風口，呼哮山風加上淒風苦雨，和中國人講究的風水便全不對盤。1970 年下半年，蔣中正夫婦住入，1971 年蔣中正

身體開始不適，附會之辭便不脛而走。[15]

　　事實上，如果要探究蔣中正病源，可能與 1969 年 9 月 16 日陽明山仰德大道那場車禍有關。因總統座車突然緊急煞車，導致總統夫婦衝出座位，蔣中正的口鼻、胸部、下體受傷，夫人也未能倖免，頸部扭傷、足部受創，二人在榮民總醫院就診，似無大礙，內傷則初無顧及，10 月初恢復正常起居工作。不過，車禍後的體檢，心臟大動脈有雜音及血尿。1970 年春，蔣在日記中自覺年邁，體力漸衰，且有失眠之症。在此之前，蔣又因攝護腺問題，邀了美國「西方公司」的醫生開了一次不成功的手術。這年 5 月的體檢報告，稱其心臟有擴大，血管開始有硬化跡象。6 月 1 日到 7 日，第一次遭逢重病報告，日記是次月中旬補記的。6 月初旬打嗝不止，幸賴孔令偉以偏方治癒。但手力、目力、氣力具弱，看書寫字很受影響。比較嚴重的車禍後遺症一一浮現，依 7 月至 8 月及次年 1 至 3 月日記的記載，小便排出血塊，這是健康一大警訊，蔣沮喪，笑容也少了。12 月中旬半夜起床暈倒，他自己知道廉頗已老，「本年幾乎全年有病，而以五、六月間之病為最重，甚感再無痊癒、重起之希望」（1970 年 12 月 31 日後「上月反省錄」）。但是，他心志可不這樣，他還信誓旦旦的說：「現在我只有一個所想念者，就是『光復大陸、拯救同胞』的職務，其他一無戀愛之物矣。」（1970 年 7 月 28 日日記）反攻復國之信心未失，上帝所賜，必可完成使命。

　　1971 年 1 月底，他全面恢復信心：去年病後，課程全復，

15 參見陳三井訪問，李郁青紀錄，《熊丸先生訪問紀錄》（臺北：中央研究院近代史研究所，1998），頁 118-119。

每朝默大學中庸首章，大學或問、陽明答羅整菴書、中庸朱子文未間斷。不過，體力不繼不一定是意志力可以完全左右的，2月初手抖，3月中記憶力明顯衰退，5月的體檢滿江紅，心臟再擴大，根據醫生囑咐只得被迫在中興賓館休息三個月。至6月初，精神更覺萎縮，只能在陽明山山頭大房子中「誦唐詩」。這時候，他的朋友「尼丑」已成為政治仇人，從「乒乓外交」到季辛吉偷偷溜入北京，華府與北京正眉來眼去，想到「美國是最壞的朋友、最好的敵人」，怒火必會從胸中燒起。蔣因長期為失眠所苦，他對自己說出從沒有過這樣悲觀的話：「時局與經歷相互壓迫煎熬，乃撫今思昔，痛悔無比，以致愁苦萬狀，甚望早死為快，此乃從所未有之現象。」（1971年6月18日日記）不幸的禍不單行，1971年12月他到高雄澄清湖休假思考退休「並作打破尼丑陰謀之道」（指美中交往）。但碰上一場意外，因便祕，貼身副官使用甘油球不當，導致肚瀉、血流不止，雪上加霜，花了一個多月的時間才把身體重新復元。這時腳麻的毛病出現，判定為難癒的筋骨炎。4月初又發生第二度暈倒，19日寫下了「以國家興亡為己任，置個人死生於度外」的警語。

　　1971年之後，蔣中正身體時好時壞，一旦安定下來，輒留意國之大政，晚年最關心中美關係、聯合國席位及釣魚臺問題，都站在國家立場有所主張。這時期通常得暇即審閱蔣經國日記，對蔣經國信任與依賴很深，也以「後繼有人」為慰。平日傍晚車遊市郊，晚間照例會觀賞不具選擇的影劇片如「鬼太監」、「太阿劍」、「金玉滿堂」、「林冲夜奔」等；心血來潮時，在日記中

評人是非、說人短長，發洩情緒，[16] 這是他病中的「日常生活」。

　　這時中共與美國正熱烈交往，2 月尼克森訪陸，中美公報將「中華民國稱為臺灣」，「尼丑無恥極矣」。日記中自惕：「勿存依賴主義和失敗主義，重蹈大陸淪陷之覆轍。」（1972 年 3 月 4 日日記）雖自知年老力衰、身體屢弱，仍願「為國犧牲」，於 1972 年 5 月接下第五任國家元首大位。這時候，眾所周知，先是嚴家淦、蔣經國，後由蔣經國為實際掌權人。1972 年 7 月 21 日，蔣中正以手抖不再寫日記。事實上，自 1917 年開始的日記，五十多年了，身心自然的衰老，油盡燈枯，也只能停筆了。

　　根據官方的報告，1972 年下半年蔣中正的身體較差，由榮總組成的醫療小組決定並邀請在美紐約羅切斯特大學醫學中心著名心臟科專家余南庚（Paul Yu）專程返臺醫治。1973 年年中，身體狀況略有進步，年底從榮總回士林，1974 年的病情時好時壞，因心臟肥大症加上血管硬化問題，呼吸困難，最後群醫仍束手無策。1975 年 4 月初，清明細雨紛飛時、雷驚天地龍蛇蟄的當兒，終告不治。[17]

---

16 1971 年為例，涉及美國大選及美國與中共接觸，許多美對臺不友好政策出現，常使蔣中正困擾，這時怪罪最多的是負責美國國會遊說團的孔令侃。1 月 29 日以楊西崑夫婦不睦不適任外長；4 月 27 日批蔣緯國國文太差；4 月 28 日以張其昀、胡健中徒托空言，近於不倫；5 月 19 日，因憶及共產之禍，累及與中國有關的猶太人；8 月至 9 月，因尼克森與美友好，斥之為「尼丑」，賣友求榮，以害為利，是非不明，廉恥道喪，大亂之首也。

17 據說蔣中正逝世後幾天，護士為他朗誦晚唐詩人杜牧和北宋黃庭堅的〈清明〉。參梁思文、楊淑娟譯，潘佐夫，《蔣介石：失敗的勝利者》（新北：聯經出版，2023），頁 493。

小結

　　1975 年，蔣中正，按照中國人的算法，八十九歲，算是耄耋之年。他的日記寫到 1972 年八十六歲，算是「古來稀」了。他是「凡人」又是「要人」，是凡人，乃具凡夫走卒的一般人性；是重要人物，網絡鋪天蓋地，動見觀瞻，雖細雨微風都可能影響無數百姓。他的日記——「自我生平記事簿」，便不能不格外引人注目。因為他不造作，很真實，他時時不忘古鄉（故鄉）、慈母；他個性暴躁，早年往往「怒」形於色，得罪一些人，晚年嚴肅中有慈祥，但日記中仍不乏對人品頭論足嚴厲評人之處；他一心要雪恥復國，傳統文化薰陶著他，基督信仰寸心不離；他是軍人，又是中國近代轉型一士人。日記中晚年病痛，小至傷風、手抖、足麻、便結，大至心臟肥大、血管硬化，無不一一如實記錄，且全數公諸於世，幾無西方所指「私人空間」可言。許多歷史學家會同意，即使二戰後多數國家的當權者，未必有如此雅量，但蔣中正式「沒什麼不可告人」的坦蕩，他本人、他家人，都應獲得掌聲。

　　由勝利者或勝利的一方撰寫歷史不難、也普遍；好的歷史著作固要審問勝利者，也要從歷史的灰燼中，還原被視為「失敗者」——未必是真正失敗者——之點點滴滴的作為與思想，蔣中正日記正可提供這原汁、原味的材料。

說史敘事 14

尋找自己的蔣中正 II：
1955-1972 日記解讀
A Guide to Chiang Kai-shek Diaries, 1955-1972

主　　編　呂芳上
總 編 輯　陳新林、呂芳上
執行編輯　林弘毅
封面設計　蔣緒慧、溫心忻
排　　版　溫心忻

出　　版　 開源書局出版有限公司

香港金鐘夏慤道 18 號海富中心
1 座 26 樓 06 室
TEL：+852-35860995

民國歷史文化學社 有限公司

10646 臺北市大安區羅斯福路三段
37 號 7 樓之 1
TEL：+886-2-2369-6912
FAX：+886-2-2369-6990

初版一刷　2024 年 4 月 5 日
定　　價　新臺幣 450 元
　　　　　港　幣 116 元
　　　　　美　元 17 元
I S B N　978-626-7370-62-9
印　　刷　長達印刷有限公司

http://www.rchcs.com.tw

版權所有・翻印必究
如有缺頁或裝訂錯誤
請寄回民國歷史文化學社有限公司更換

國家圖書館出版品預行編目 (CIP) 資料
尋找自己的蔣中正 . II, 1955-1972 日記解讀 = A
guide to Chiang Kai-shek diaries, 1955-1972 /
呂芳上主編 . -- 初版 . -- 臺北市 : 民國歷史文化學
社有限公司 , 2024.04

　　面；　公分 . -- (說史敘事 ; 14)

ISBN 978-626-7370-62-9 (平裝)

1.CST: 蔣中正　2.CST: 傳記

005.32　　　　　　　　　　　　113002414